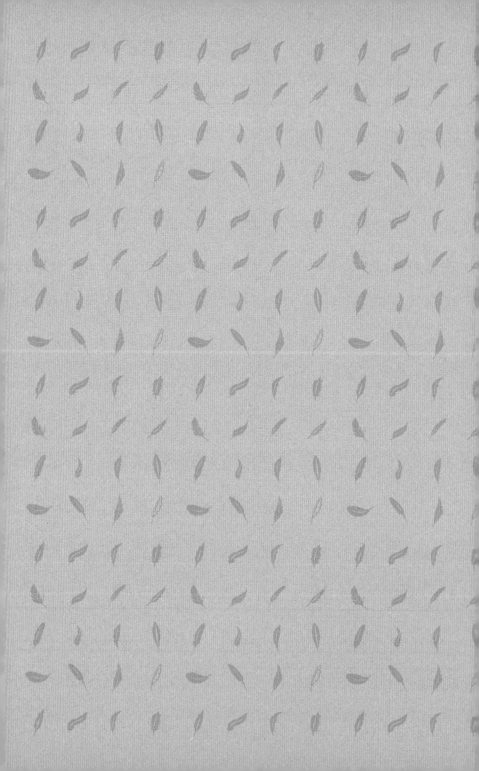

돈 버는 브런치 글쓰기

돈 버는 브런치 글쓰기
책 출간으로 이어지는 브런치 활용법

초판 1쇄 발행 2025년 3월 14일

지은이 류귀복
편집인 옥기종
발행인 송현옥
펴낸곳 도서출판 더블:엔
출판등록 2011년 3월 16일 제2011-000014호

주소 서울시 강서구 마곡서1로 132, 301-901
전화 070_4306_9802
팩스 0505_137_7474
이메일 double_en@naver.com

ISBN 979-11-93653-34-0 (03320)

※ ✎ designed by IconBaandar from Flaticon

※ 타자기 이미지 : photo by Florian Klauer from Unsplash

※ 잘못된 책은 바꾸어 드립니다.

※ 책값은 뒤표지에 있습니다.

책 출간으로 이어지는 **브런치 활용법**

돈 버는 브런치 글쓰기

당신의 삶이 글이 됩니다

류귀복 지음

writer

더블:엔

'브런치스토리'에 글을 한 편 올리면

후원 독자로부터 적게는 1천 원,

많게는 30만 원의 응원금을 받는 게 가능하다.

글을 올릴 자격은 '브런치 작가'에게 주어지며,

이 책을 펼친 당신도 그 주인공이 될 수 있다.

—
—
—

취미가
돈이 되는
세상

—
—
—

인간의 욕심은 끝이 없다. 먹어도 먹어도 또 먹고 싶고, 사도 사도 또 사고 싶다. 맛있는 음식은 유독 배가 빨리 꺼지고, 옷장에는 옷이 가득한데 중요한 날이면 적당한 옷을 고르기가 힘들다. 기념일은 또 왜 이리 자주 찾아오는지 달력에는 동그라미가 한가득이다. 통장 잔고는 늘 2% 부족하다. 매달 25일, 굶주린 통장이 배를 잔뜩 채우지만 하이에나들이 금세 몰려든다. 반나절도 안 되어 스마트폰 화면 상단이 출금 알림으로 가득 채워진다. 통장은 다시 빈속을 드러내며 허기를 호소한다. 어느새 힘을 키운 '우울감'이 '기쁨'을 이기려는 찰나, 스마트폰이 부르르 떨며 반가운 소식을 전한다.

브런치스토리 응원하기 정산이 완료되었어요.

▶ 수익발생월: 2024년 8월
▶ 입금일자: 2024년 9월 19일
▶ 지급금액: 134,570원

"글 쓰면 굶어 죽는다"라는 말은 이제 옛말이다. 취미로 글을 쓰니 가계 수입이 늘어난다. 작지만 소중한 '글로소득'이 반갑다고 인사하며 수시로 통장을 불린다. 직장인이 부업으로 글을 쓰니 삶의 만족도가 급격히 증가한다. 월급 외 들어오는 수입으로 외식을 즐기고, 아이 장난감도 산다. 이따금 0이 6개나 붙은 큰 금액이 입금되는 날에는 룰루랄라 아내의 손을 잡고 백화점에 간다. 저축과 절약 사이에서 고민하던 일상은 이제 안녕이다. 저축과 소비 사이에서 행복한 고민을 한다. 자본주의 사회답게 돈이 삶의 질에 미치는 영향은 꽤 크다. 다다익선이다. 글쓰기를 통해 '인세'라는 충직한 일꾼을 얻으면 내일에 대한 기대감도 한층 높아진다. 글쓰기 플랫폼인 '브런치스토리'(이하 브런치)는 모두에게 완벽한 기회를 제공한다. 스스로 돈을 만들어 내는 '부의 파이프라인' 건설을 돕는다. 바람이 현실이 되기까지 그리 오랜 시간이 걸리지도 않는다. 이렇게 좋은 걸 아는 사람이 드물다는 게 그저 아쉬울 따름이다.

주변 지인들에게 "브런치 알아요?"라고 질문을 던지면 십중
팔구는 "그럼요"라는 답이 돌아온다. 곧이어 "제가 브런치 얼마
나 좋아하는데요. 주말마다 먹어요"라는 개인사가 쭉 이어진
다. 이제는 이러한 상황이 익숙하다. 당황하지 않고 "혹시 먹는
브런치 말고, 쓰는 브런치는 몰라요?"라고 다시 묻는다. 그러면
열이면 열 모두 "그런 게 있어요?"라고 반문한다. Daum/카카오
에서 운영을 하고 7만여 명이 작가로 등록되어 있지만 브런치
는 아직까지 마이너 시장이 분명하다. 그럼에도 출간을 꿈꾸는
많은 사람들이 인지도 높은 NAVER의 블로그보다 브런치를 더
선호한다. 여기에는 해마다 진행하는 '브런치북 출판 프로젝트'
의 역할이 꽤 크다. 브런치는 〈작품이 되는 이야기〉라는 슬로
건 아래 매년 브런치 작가 열 명을 선정해서 출간을 돕는다. 작
가로 만들어 주는 것만으로도 고마운데, 부상으로 인당 500만
원 상금도 지급해 준다. 작가를 꿈꾸는 지망생들이 혹~ 하기에
충분한 조건이다.

예비작가들이 잘 알려진 블로그 대신 덜 알려진 브런치를 선
택하는 데는 특별한 이유가 있다. 브런치만의 뚜렷한 장점 때
문이다. 블로그는 누구나 제약 없이 시작 가능하지만 수익 창
출로 이어지기는 어려운 단점이 있다. 시작할 엄두조차 내기가
힘든 게 현실이다. 반면 브런치는 다르다. 기회의 땅이다. 문턱

은 다소 높지만 수익 창출이 쉽다. '글쓰기'라는 우아한 취미가 소소한 돈벌이로 이어지고, 글이 모이면 '작가'라는 직업도 얻을 수 있다. 높아지는 품격과 자기계발은 덤이다. 이게 다가 아니다. 브런치에는 또 다른 기대가 있다. 길거리 캐스팅으로 연예인이 데뷔하던 시절처럼, 브런치에 글을 남기면 출판 관계자들의 눈에 띄어 출간을 한다는 소문이 무성하다. 글을 한 편 올릴 때마다 내심 출판사의 러브콜을 기대하는 브런치 작가들이 많다. 이들은 바람을 현실로 만들기 위해 꽃단장을 계획한다. 처음 방문한 독자들이 "우와! 이 작가는 뭐지?"라는 궁금증을 참지 못하고 스크롤바를 바삐 내릴 정도로 알찬 브런치를 구성하려 애쓴다. 준비를 마치고 나면 설렘을 가득 안고 기다린다. "출간 제안 메일이 도착했습니다"라는 알림을 확인하기 위해 수시로 앱을 연다. 애타는 마음을 아는지 모르는지 한 달, 두 달, 석 달, 일 년이 지나도록 출판사는 연락이 없다. 불안한 마음에 써 놓은 글을 재차 확인한다. 다시 읽어도 명문이다. 천재가 따로 없다. 완벽하게 모인 글이 있으니 출간에 대한 욕심이 서서히 몸집을 불린다. 잊을 만하면 들려오는 동료 작가들의 출간 소식은 의지를 활활 불태우며 불안감을 더 키운다. 시간의 압박이 강해지면서 슬슬 다른 방도를 찾는다. 고민 끝에 적당한 때를 스스로 만들기로 결심하고 인터넷을 검색한다. 다행히 출판사의 러브콜이 없어도 출간이 가능한 세상이다.

대부분의 브런치 작가들은 브런치북 출판 프로젝트에 참여함과 동시에 여러 루트로 출간을 준비한다. 출판사 원고 투고가 가장 확실한 방법이지만 출간으로 이어지는 가능성이 낮은 게 흠이다. 특히나 출판사가 출판 비용을 전액 부담하는 기획출판의 경우에는 하늘의 별 따기나 마찬가지다. 그렇다고 해서 불가능한 일은 아니다. 필자가 바로 그 케이스다. 9개월간 브런치에 남긴 기록을 바탕으로 이 책을 계약했다. 바야흐로 누구나 작가가 될 수 있는 시대다. 마흔 살에 처음으로 펜을 든 비전공자의 글도 출간으로 이어진다. 심지어 매년 책을 낸다. 여러분은 지금 산중인이 남긴 기록을 읽고 있다. 더욱이 출판사와 저자가 출판 비용을 공동으로 부담하는 반기획출판의 경우에는 출간 가능성이 더 커진다. 그럼에도 적당한 때를 만나지 못한 경우에는 독립출판이나 자비출판을 진행할 수도 있다. 이처럼 브런치는 예비작가들의 꿈이 현실이 되는 공간이다. 게다가 출간까지의 긴 여정에서 '응원하기'를 통해 독자들로부터 받는 '응원금'은 여비의 역할을 하며 크고 작은 위로를 전한다.

하핫! 벌써부터 기분 좋은 상상으로 머릿속이 바삐 움직이는가? 그렇다면 축하한다. 이 책은 당신을 브런치 작가, 더 나아가 출간작가가 되도록 이끌어 줄 게 분명하다. 경험해 보니, 책을 한 권 출간하고 나면 어제와는 다른 오늘이 펼쳐진다. 삶이 더 반짝이고 새로운 기회가 생긴다. 현대사회에서 글쓰기만큼 안정적인 투자처도 드물다. 단언컨대 '취미가 돈이 되는 세상'이다. 자존감을 높이고 기타 수익을 얻고 싶다면 망설이지 말고 브런치를 시작해 보자. 노력이 쌓이면 부의 파이프라인을 완공하는 날이 오기도 한다. 귀중한 시간에 '내 나이가 몇인데?'라는 생각은 하지 않길 바란다. 글을 쓰는데 나이와 성별은 중요하지 않다. 지금 당장 시작하는 게 우선이다. '졸졸졸' 흐르기 시작한 돈이 '콸콸콸' 쏟아질 때까지 브런치는 확실한 동반자를 자처한다. 이 책을 덮은 후, 부업 작가의 크고 작은 기쁨을 누리게 될 당신의 미래를 함께 그려본다. 축하는 미리 전한다.

짝! 짝! 짝!

CONTENTS

PART 002

브런치 작가입니다

PART 003

영향력 있는 브런치 작가입니다

PART 004
브런치 작가에서 출간작가로 가는 길

PART 005
라이킷을 많이 받는 글은 무엇이 다른가

PART 001

브런치와
응원금 파헤치기

작은 사치의 시작, 브런치

"꺄아~악!" 통장이 행복한 비명을 지른다.

[입금] 계약금
[입금] 원고료
[입금] 브런치스토리 응원하기 정산금
[입금] 인세

부업 작가가 되니 통장이 형세를 달리한다. 출금이 주를 이루던 내역에서 입금 비중이 늘어간다. 2024년 한 해 동안 위에 적힌 4종의 수입이 월급 외 추가로 발생했다. 글쓰기 3년 차, 만 2년을 겨우 넘어선 시점이다. 단기간 성과치고는 꽤나 만족스러운 결과임이 분명하다. 브런치 작가로서 인지도가 올라가니 부수입이 절로 늘어난다. 신기한 일이다. 평소 높은 공기를 즐기는 '자존감'도 산 정상에 올라가 "야~ 호~"를 크게 외친 후 떡하니 자리를 잡는다. 역시나 인생은 끝까지 살아봐야 안다.

2023년 가을, 첫 책 출간을 앞두고 홍보 목적으로 브런치에 입성했다. 출판시장이 어렵고 무명작가의 에세이는 읽히지 않는 추세다. 출간 이후 가족과 지인들만 읽는다. 사실 그들만이라도 끝까지 읽어주면 감사한 일이다. 이러한 시대적 흐름을 고려해서 "딱 100명만 내 책을 읽었으면 좋겠다"라는 바람을 갖고, 매일 세 시간씩 브런치에 할애했다. 틈틈이 글을 올리며 소통에 집중하니 100일 후 놀라운 일이 일어났다. 동료 작가 수백 명이 책을 구입하고 도서관에 희망도서로 신청해 주었다. 그 결과 출간과 동시에 〈다음 책〉 베스트셀러에 이름을 올렸고, 이후 1년 가까이 굳건히 자리를 지켰다. 아마도 Daum과 연계된 브런치의 이점이 반영된 듯하다. 놀라기에는 아직 이르다. 무명작가가 첫 책을 출간한 지 반 년도 안 되어 두 번째 책을 계약하는 이변도 발생했다. 이제는 반기별로 통장에 인세가 입금되는 호사도 누린다. 경험해 보니, 브런치는 출간부터 홍보까지 일사천리로 진행이 가능한 유용한 공간이다.

플랫폼의 특성상 브런치는 모든 사용자에게 공평한 기회를 제공한다. 다만 글을 발행하는데 조건이 붙는다. 브런치 작가에 신청해서 자격을 얻어야 한다. 심사 과정은 간단하다. 자기소개와 활동 계획, 작성 글 세 편을 준비해서 접수하면 브런치 스토리팀에서 검토한 후 합격 여부를 결정한다. 깔끔하고 매력적인 목차를 짜고 심사 담당자를 궁금하게 만들면 선정에 유리하다. 재수 삼수를 거치는 경우도 많지만 염려할 필요는 없다. 이 책의 제목에서 '글쓰기'라는 세 글자를 읽고도 기겁하지 않고 책을 펼친 당신은 매우 높은 확률로 쉽게 자격을 얻을 수 있으리라 기대한다. 2종 보통 운전면허 취득 수준의 난이도라 생각하면 적당할 듯싶다. "나는 반드시 해낸다"는 자신감만 있으면 충분히 심사에 통과할 수 있다. 브런치 작가에게는 타고난 필력보다 매력적인 소재와 불타는 의지가 더 중요하다.

브런치 작가에 선정되면 기분이 어떨까? 당사자들은 대개 비공식적인 의식을 먼저 치른다. 주변에 "저 브런치 작가 됐어요" 하고 소문을 내거나, 홀로 두 주먹을 불끈 쥐고 기쁨을 표출한다. 잠시 동안 구름 위에 붕 뜬 체험을 마치고 나면 서랍 속에 저장해 둔 글을 발행할 시간이다. 브런치는 작가 심사에 통과하지 않고도 누구나 글을 쓸 수 있는 환경을 제공하지만, 온라인상에 글을 남기는 자격은 오직 브런치 작가에게만 부여한다. 자유롭게 글을 발행하고 독자들로부터 응원하기를 받기 위해서는 작가 승인이 우선이다. 그때까지는 작성한 글을 '내 서랍'이라는 폴더에 저장한 후 수정만 가능하다. 참고로 브런치의 '응원하기'는 글을 읽은 독자가 작가를 응원하는 마음을 담아 일정 금액을 결제하면, 작가가 등록한 계좌로 '응원금'이 지급되는 시스템이다. 한번 발행한 글은 탈퇴 이전까지 응원하기를 계속 받을 수 있다는 점도 상당히 매력적이다. 작고 아담한 부의 파이프라인을 건설한 정도로 여기면 적당할 듯싶다.

희망은 언제나 우리 주위를 맴돌며 기회를 엿본다. 우리가 발견하지 못할 뿐이다. 브런치도 마찬가지다. 글을 쓰는데 필력이 요구되긴 하지만 전부는 아니다. 시작하기 전부터 걱정할 이유는 없다. 응원금을 남기는 독자의 호응을 얻는 확률이 높은 글은 글발보다는 사연이며, 눈길을 사로잡는 제목이 필수다. 센스 있는 주부들은 시댁 욕을 신나게 하면서 통장을 불리고, 악에 받친 직장인들은 상사 욕을 원 없이 남기며 부족한 월급을 충당하기도 한다. 신분을 드러낼 필요가 없으니 칼로 물을 벨 염려가 적고, 가슴속에 품고 있는 사직서를 꺼낼 위험도 없다. 기혼 남녀에게는 합법적인 비자금 조성이 가능한 이점도 있다. 골프나 낚시 등의 취미와는 다르게 고가의 장비 구입도 필요 없고, 헬스나 필라테스처럼 수강료 납부도 없다. 여유

시간만 있으면 누구나 쉽게 시작할 수 있다. 스마트폰 하나만 있으면 24시간 언제든지 접속이 가능하고, 장소 제약도 없으니 바쁜 현대인들에게 이보다 더 좋은 취미가 있을까 싶다.

집중해서 읽다 보니 손가락이 슬슬 간질간질하다면 당신의 삶이 글이 될 준비를 마쳤다는 신호다. 이제부터는 자음과 모음을 조합해서 독자들의 머릿속에 아름다운 그림을 그리고, 가슴에는 긴 여운을 남겨 보자. 준비물은 간단하다. 불타는 의지와 손에 쥐어진 스마트폰, 두 가지가 전부다. 기쁜 추억도 좋고, 슬픈 감정도 좋다. 경험과 생각으로 빈 공간을 가득 메우다 보면 예기치 않은 응원금이 당신에게 놀라움을 선사하는 때가 반드시 온다. 운이 좋으면 출간한 책의 속지에 직접 사인을 남겨서 선물하는 즐거움도 누릴 수 있다. 매달 중순, '응원하기 정산금'이 계좌에 입금되면 무엇을 하고 싶은가? 필자는 꽃집에 들러 아내와 딸을 위해 꽃을 산다. 모녀가 함께 미소를 지으면 평범한 일상이 금세 천국으로 바뀌는 기적을 경험하기 때문이다.

당신도 한 달에 한 번, 소중한 사람에게 한 송이 꽃을 선물하는 작은 사치를 누려보는 것은 어떨까? 브런치는 그 기회를 제공한다. 늘 그렇듯 내일은 없다. 마음이 식기 전에, 지금 당장 일용할 양식으로 브런치를 택하길 바란다.

응원금으로 브런치 즐기기

○○○님이 새 응원 댓글을 남겼습니다.

브런치에 글을 발행하면 때때로 응원금이 남겨진다. 대학시절 성적 우수 장학금을 받을 때만큼이나 설레는 순간이다. 어깨가 저절로 들썩이며, 흥얼흥얼 콧노래도 나온다. 금액의 많고 적음을 떠나 글로소득이 주는 기쁨은 특별하다. 한 줄 문장이 한여름 밤 시원한 강변에서 즐기는 차가운 생맥주만큼이나 달갑다. 브런치는 이런 좋은 기회를 모든 브런치 작가에게 제공한다. 최고다!

2024년 2월, 브런치는 일부 크리에이터에게만 허용했던 응원하기를 전체 브런치 작가에게로 확대 적용했다. 덕분에 기나긴 글쓰기 여정에서 응원금이 자극제 역할을 맡는다. 독자의 가슴을 흔드는 글은 응원 댓글로 이어져 작가가 지칠 틈이 없게 돕는다. 내 경우, 일면식도 없는 스무 살 어린 대학생이 남긴 응원금 '1만 원'을 받았을 때의 충격이 지금도 잊히지 않는다. '내가 이걸 받아도 되나?'라는 생각은 금세 '내 글이 이렇게까지 의미가 있다고?'로 바뀌며, 양어깨가 2cm 정도 위로 높게 올라갔던 기억이 지금도 생생하다. 작가에게는 글을 써서 버는 글로소득이 일을 해서 버는 근로소득보다 훨씬 더 각별하게 다가오기 때문이다. 보양식을 넘어 한의원 보약 수준의 효과를 나타낸다. 물론 여기에도 주의할 점이 따른다. 아무리 좋은 약도 과다 복용은 위험하다. 응원하기도 마찬가지다. 브런치의 목적 자체가 응원금이 되는 것은 바람직하지 않다. 말 그대로 응원 정도로만 생각하고 글쓰기의 본질에 집중해야 한다. 멀리 보고 진심을 담아 쓰는 게 무엇보다 중요하다.

응원하기는 최소 1천 원에서 최대 30만 원 범위에서 가능하며, 앱과 웹에서 각각 선택할 수 있는 금액이 다르다. 웹은 최소 금액이 1천 원이고, 앱은 3천 원이다. 최대 금액은 30만 원으로 같다. 필자가 발행한 글에는 주로 1만 원의 응원금이 남겨졌고, 종종 2만 원이나 3천 원이 남겨지기도 했다. 3만 원이라는 거금을 선뜻 건네준 고마운 독자도 있다. 정리해 보니, 응원 계좌를 열고 나서 발행한 글은 1편당 3만 원 정도의 수익금을 얻었다. 금액의 범위는 0원에서 7만 6천 원으로 편차는 꽤 크다. 12편을 연재하면서 총 37만 5천 원의 수익을 달성했다. 이 금액은 2024년 여름 기준으로 상위 1% 내에 드는 수치다. 브런치의 응원금 규모가 점차 확대되고 있긴 하지만 아무래도 전업을 기대하기는 힘들 듯하다. 물론 이보다 훨씬 많은 금액의 응원금이 쌓이는 작가들도 있다. 이들은 극히 일부로 상위 0.1%에 속한다. 다수가 부러워하는 금액을 받고 있지만, 성공한 유튜버나 블로거의 수익과는 비교하기조차 민망한 수준이다. 그럼에도 브런치의 응원금은 나름의 뜻깊은 의미가 있다.

"칭찬은 고래도 춤추게 한다"라는 말이 있듯이, 출간이라는 멀고 긴 여정에 도전하는 예비작가들에게는 작은 응원이 큰 힘으로 작용한다. 브런치에서 받은 응원금으로는 주말에 가족과 함께 브런치를 즐기는 것 정도가 현실에 더 가깝겠지만, 사람 일은 모르는 법이다. 도전을 지속하다 보면 브런치북 출판 프로젝트에 선정되어 상금 500만 원을 받을 수도 있고, 내실 있는 출판사와 출간 계약에 성공해서 일 년에 두 번씩 인세를 받는 날이 올 수도 있다. 사실 꿈은 꾸는 것만으로도 충분히 행복하다. 도전을 마다할 이유가 없다. 우선은 응원 댓글의 유무를 떠나 최선을 다해 꾸준히 써 보자. 시간이 쌓이면 당신의 글이 당신을 지금보다 더 좋은 곳으로 데려다 줄 게 분명하다. 글에는 그런 힘이 있다. 혹시나 도전을 이어가는 와중에 예기치 않은 응원 댓글이 남겨지면, 아껴둔 이모티콘을 기꺼이 발사하며 고마움을 표하길 바란다. VIP 독자를 만들 수 있는 절호의 찬스다!

응원금 도둑

자본주의 사회 곳곳에는 놀고먹는 도둑놈(?)들이 꼭꼭 숨어 있다. 브런치도 예외는 없다. 응원하기마저 배보다 배꼽이 더 큰 경우가 많다. 필자는 수수료에 대한 오해 때문에 응원 댓글을 받을 기회를 놓친 적이 있다. 용돈 인상 요구 관련 웃픈 사연을 남긴 글에 아쉬운 댓글이 하나 남겨졌다. 빙산이라는 필명을 사용하는 '류귀복 홍보부' 소속 작가 중 한 명이 작성한 글이다. 그는 독서를 즐기는 지인들에게 카카오톡 선물하기로 《나는 행복을 촬영하는 방사선사입니다》를 선물한다. 해당 도서 전체 판매량의 0.57%를 담당한 VVIP 독자다 보니, 나보다 나이는 한 살 어리지만 "형님"이라고 부르고 싶어진다.

마음과는 다르게 아직까지 동생인 빙산 작가는 "응원하기를 눌렀다가 높은 수수료가 떠올라 취소했어요. 다른 방식으로 응원을 고민해 보겠습니다"라는 내용의 댓글을 남겼다. 지난 행적으로 미루어 그의 말은 명백한 사실이다. 의심할 여지가 없다. 다만 영리한 그가 중요한 부분을 놓치고 있다는 게 아쉬울 따름이다. 정확한 정보를 전달하고 싶은 마음에 입이 간질간질하지만 굳이 언급하지는 않았다. 여태까지의 응원만으로도 충분히 감사하다. 진심을 담아 고맙다는 답글을 적었다.

브런치는 "작가의 창작을 지원하기 위해 응원하기를 도입한다"라는 공지를 올린 바 있다. 그런데 현실은 어떤가? 수수료 폭탄이다. 작가들이 분개하며 오히려 창작 의욕을 잃는다.

우아, 이 나쁜 놈들! 지난달에 응원금으로 10만 원이 들어왔는데, 어제 보니 입금은 6만 원 정도밖에 안 되었어요. 정말 너무한 거 아닌가요? 사채업자도 아니고 어떻게 40%에 가까운 수수료를 가져가나요? 진짜 도둑이 따로 없어요.

위와 같은 글을 남기며 브런치를 향해 분노를 표출한다. 이 말이 사실이라면 브런치는 나쁘다. 질이 너무 안 좋다. 창작 지원은 핑계고 본인들 배만 불리려는 수작을 부리는 게 확실하다. 그런데 추측과는 다르게 이는 사실이 아니다. 브런치도 엄연한 피해자다. 억울하기는 매한가지다. 회사 곳간을 채우려는 목적으로 응원하기를 도입한 게 아니다. 사악한 주체는 따로 있다. 그렇다면 범인은 누구일까? 확실한 검거를 위해 브런치에서 올린 공지를 자세히 한번 살펴보자.

> 응원하기 결제 금액에서 각종 카드사·앱스토어의 결제 수수료를 제외한 약 90%가 창작자의 수익으로 확정됩니다. 확정된 수익에서 대한민국 세법에 따라 소득세, 지방세로 이루어진 원천징수세액 3.3%를 제외하고 지급됩니다.
> 참고로 브런치스토리 앱에서 결제 시 구글·애플 앱스토어의 결제 수수료 약 30%가 부과되는 점 안내드립니다.　　　　　　　　　　　　　　 - 출처: 브런치스토리팀

이로써 진실이 밝혀진다. 범인은 '구글'과 '애플'이다. 브런치가 받는 수수료 10%는 자본주의 사회에서는 매우 합리적인 수준이다. 작가를 진심으로 응원하는 동반자가 맞다. 앉아서 배를 불리는 건 구글과 애플이다. 문해력 뛰어난 브런치 작가들이 독해 오류를 범했을 리는 없으니, 안내 사항을 제대로 읽지

않은 게 분명하다. 새로 장만한 기계의 사용설명서를 확인하지 않고 잘못 사용하다가 '고장'이라는 그릇된 판단을 내리는 경우와 비슷한 상황이 발생한 것이다.

물론 브런치도 작은 잘못은 있다. 독자를 위한 글을 쓰지 않았다. 공지를 남기는 목적은 독자로 하여금 모르는 사실을 쉽고 빠르게 이해시키는 데 있는데, 기본을 지키지 않았다. 읽는 사람의 입장을 고려하지 않고 글을 올리는 실수를 범했다. 만약 내가 브런치 직원으로서 해당 공지 글을 작성했다면, 아래 문단을 마지막에 추가했을 듯싶다. 물론 이 경우 볼드체는 필수다.

응원하는 마음이 작가님께 더 잘 전달되길 바라시나요? 방법이 있습니다. '앱' 대신 '웹'을 통해 결제하시면 구글·애플 앱스토어 수수료 30%가 면제됩니다. 브런치 웹 사용은 스마트폰에서도 가능합니다. 응원하고자 하는 글의 링크를 본인의 카카오톡으로 공유한 후 클릭하면 웹으로 결제가 가능해집니다. 절약한 수수료는 작가님의 창작 지원금으로 전액 입금됩니다. 참고하시어 이용하시기 바랍니다.

브런치는 공지 시, 수수료 부과 안내와 함께 '면제 방법'을 알렸어야 했다. 앱 대신 웹을 통해 결제하면, 작가는 카드사 수수료를 제하고 87% 정도의 금액을 받는다. 이 정도면 꽤 괜찮은 조건이다. 출간한 책들도 계약금과 인세에서 꼬박꼬박 3.3% 세금을 떼고 있으니 합리적인 운영이라 할 수 있겠다. 앱에서 웹으로 넘어가는 데는 30초면 충분하다. 어렵지 않다. 이와 같은 사실이 널리 알려져서 작가를 응원하는 마음이 이동 중 도적떼를 만나지 않고, 고이 전달되길 기대한다. 더불어 올바른 응원 문화 정책이 자리 잡고, 응원하기의 규모가 확대되어 혜택받는 작가들이 늘어나길 바라본다.

참고로 〈프롤로그 : 취미가 돈이 되는 세상〉 도입부에 적힌 2024년 8월 응원하기 정산금 '134,570원'의 공제 전 금액은 '199,000원'이었다. 구글과 애플, 두 회사의 직원 급여가 많은 이유를 하나 더 찾았다. 흑흑.

어쩌다 브런치 고시생

2023년 봄, 퇴근 후 회사 1층 카페에서 출판사 대표를 만났다. 투고한 원고를 책으로 출간할지 여부를 결정하기 위한 만남이었다. 말끔한 정장을 입은 40대 후반 남성 대표는 인상이 참 푸근했다. 출판 마케터 출신이라고 본인을 소개했으며, 편집자 두 명과 함께 책을 만든다고 했다. 듣던 중 반가운 소리다. 어려운 출판시장에서 무명작가의 책이 판매로 이어지기 위해서는 마케팅이 필수인 시대다. 예비작가에게는 '로또 2등' 당첨만큼이나 설레는 이력이다. 상호 인사를 마친 뒤, 그가 "작가님, 혹시 브런치 하시나요?"라고 물었다. "아니요"라는 답을 건넸기 때문일까? 헤어지기 직전 출판계약서를 보내겠다고 했던 그가 아직까지 감감무소식이다. 이후로도 꾸준히 책을 출간하는 것으로 미루어 큰 사고를 당한 건 아닌 듯하여 다행(?)인데 착잡한 마음은 숨길 수가 없다.

처음이자 마지막이 되어 버린 짧은 만남 이후 계절이 두 번 바뀌었고, 교보문고 종합 베스트셀러 선반에 놓인 책에서 낯익은 출판사명을 발견할 수 있었다. 그렇다. 내가 계약을 할 뻔했던 바로 그 출판사다. 마케터로서의 그의 감각이 적중했던 것일까? 아니면 별거 아니라고 생각했던 브런치가 별게 아닌 게 아니었던 것일까? 삼각함수를 처음 만났을 때처럼 머릿속이 복잡해지는 순간이다. 동시에 자본주의 사회에서는 홍보와 마케팅이 중요함을 다시 한번 깨닫는다. 그사이 나도 좋은 출판사를 만나 출간 계약에 성공했고, 출간까지 얼마간의 시간이 남아 있었다. 비용 투자 없이 책을 홍보할 수 있는 곳을 발견했으니 모른 척 넘어갈 수는 없었다. 돌이켜보니 허언을 남기고 떠난 출판사 대표 덕분에 브런치와의 인연이 시작될 수 있었다.

브런치는 모든 사용자에게 열린 공간이다. 누구나 글을 쓰고 저장할 수 있다. 다만 써놓은 글을 발행하기 위해서는 브런치 작가가 되어야 한다. 그때까지는 일기장처럼 혼자만 보고 즐기는 글을 쓰며, 다른 작가들의 글을 읽고 '♡'를 누르며 '댓글'을 남기는 게 할 수 있는 전부다. 응원금이든 출간이든 브런치 작가 승인이 우선인데 생각보다 쉽지가 않다. 동료 작가들을 보면 재수는 기본이고, 열일곱 번 도전 만에 성공한 의지의 한국인도 있다. 수십 번 도전을 거듭하다 끝내 작가의 길을 포기하고 독자의 길을 걷는 사람들도 주변에 흔하다. '브런치 작가 고시'라는 말이 괜히 나오는 게 아니다. 실망하기에는 아직 이르다. 모든 시험에는 합격 요령이 있고, 이는 브런치도 마찬가지다.

> 안녕하세요. 작품이 되는 이야기, 브런치스토리입니다. 브런치스토리는 좋은 글을 쓰고 싶은 모든 이들을 위해 시작한 서비스입니다. 브런치스토리에서는 그들을 작가라 부릅니다. 출간 경험이 없어도, 등단을 하지 않아도, 자신만의 시선을 담아 세상을 향해 글을 쓰는 사람 누구나 브런치 작가가 될 수 있습니다.
>
>   - 출처: 브런치스토리팀

브런치는 "출간 경험이 없어도, 등단을 하지 않아도, 자신만의 시선을 담아 세상을 향해 글을 쓰는 사람을 작가로 선정한다"라고 밝힌다. 이 문장에는 반가운 정보가 포함되어 있다. 자세히 읽어 보면 "글을 잘 쓰는, 흔히 말하는 필력이 좋은 사람을 뽑는다"라는 언급이 없다. 심사자가 원하는 지원자는 '독특한 시선으로 공감을 얻는 글을 쓰는 사람'이다. 현실감을 높이기

위해 과거 브런치 고시에 응시했던 필자의 과거를 밝힌다. 출간을 위해 원고를 투고하던 당시, 출판사 관계자들에게 "작가님은 글을 참 잘 쓰세요"라는 소리를 여러 번 들었다. 한 출판사 편집자는 필자가 투고한 원고를 읽고 하루 종일 눈물을 훔쳤고, 이토록 좋은 글을 읽게 해줘서 고맙다며 개인적으로 전화를 했을 정도다. 필력에 대한 자부심이 하늘을 찌르던 때다. 특기를 살려 유치원생 딸아이와의 일상을 온갖 기교를 섞어 이마에서부터 볼을 타고 턱으로 흘러내리는 땀 한 방울까지 세밀하게 묘사하며 초고를 완성했다. 나는 출판사 관계자들로부터 이미 '작가'라고 불리는 사람이니, 자기소개와 목차는 대충 쓰고 활동 계획은 딱 두 줄만 썼다. 바쁜 일상에서 퇴고는 사치니 건너뛰었다. 결과는 어땠을까? 기대와는 다르게 신청 삼 일 만에 보란 듯이 탈락했다. 역시나 세상에는 쉬운 일이 없다.

며칠 후 겸손을 되찾고 브런치가 원하는 인재상을 파악한 뒤, '독특한 시선'에 중점을 두고 준비해서 재응시했다. 나만이 세상에 알릴 수 있는 이야기가 무엇이 있을까, 하고 고민해 보니 내 직업이 떠오른다. "대한민국에 50여 명밖에 없는 치과 방사선사의 일상을 글로 남기겠습니다"라는 각오를 밝히고 나니, 다음 날 바로 합격 통보를 받을 수 있었다. '나는 가정주부라서, 평범한 회사원이라서 특별할 게 없는데'라는 생각을 한다면 경기도 평택 옆에 있는 '오산'이다. 평범한 가정주부도 글에 조미료를 톡톡 뿌리면 이력이 금세 색달라진다. 자기소개를 이렇게 적어보면 어떨까?

긴 나무젓가락으로 요리를 하며, 일곱 살 아들의 장난감 칼을 동시에 막아낸다. 소파 위에 붙어 있는 남편을 큰소리 한 번으로 청소기 앞으로 날리는 능력도 있다. 학창 시절 수학은 포기했지만 마트에서 암산은 백 원의 오차도 없다. 기타 생존에 필요한 뛰어난 능력이 점차 쌓여가는 8년 차 가정주부다.

위 글처럼 눈에 띄는 소개를 적은 뒤, 〈육퇴를 30분 앞당기는 비법 대방출〉 또는 〈남편 퇴근이 30분 빨라지는 마법의 저녁 식탁〉을 주제로 일관성 있는 목차를 구성하고 글을 쓴다면, 심사 담당자는 '프로듀서 박진영이 가수 오디션 프로그램에서 첫 소절을 듣자마자 입을 쩍 벌린 채 합격 버튼을 누른 심정'으로 환호하며 승인 버튼을 누르지 않을까 싶다.

또 다른 예시를 살펴보자. Daum과 연계된 탓인지 브런치에서는 유독 이혼과 우울 관련 소재가 큰 인기를 끈다. 관련 경험이 있다면 다음과 같이 소개 글을 적는 게 가능하다.

혼자였다가 둘이 되어 삼 년을 살았다. 둘은 곧 셋이 되었고, 넷이 되기 전 다시 둘이 되었다. 둘이 다시 하나가 되기 직전, 정신과의 문을 두드렸다. 누군가는 나를 이혼녀라 부르지만, 나는 워킹맘이라는 표현이 더 좋다. 눈에 넣어도 아프지 않을 딸아이에게 좋은 짝꿍이 생겨 다시 기쁨으로 하나가 되는 그날을 꿈꾸며 이를 악물고 살아간다. '기쁨'이 늘 '슬픔'을 이기길 바라면서 오늘을 버티는 5년 차 싱글맘이다.

이러한 소개 글에 더해 〈엄마를 지킨 딸의 미소〉라는 주제로 통일성 있는 목차를 남기고, "글쓰기를 통해 내면의 상처를 극복하고 나와 비슷한 상황에 처한 사람들에게 위로를 주고 싶다"라는 활동 계획을 남기면 합격 가능성이 높아질 게 분명하다.

세상에는 사연 없는 사람이 없다. 나만이 경험했던 특별한 이야기가 생각나면 좋겠지만 없어도 괜찮다. 브런치가 원하는 건 작가만이 가질 수 있는 독특한 시선이다. 더구나 글에는 퇴고라는 정답지가 있다. 초고를 쓰고 화장을 하듯 퇴고를 하면 글의 품격이 저절로 높아진다. 펜을 들어 첫 문장을 쓰는 게 가장 중요하다. 게다가 글은 쓰면 쓸수록 늘고, 그 끝도 없으니 걱정할 게 없다. '나도 한번 도전해 볼까?'라는 생각이 머릿속에 떠오른다면, 고민할 시간도 아깝다. 뚜렷한 콘셉트를 정하고 브런치 작가부터 신청해 보자.

지나고 나서 보니, '출간'이라는 소중한 기회를 놓친 덕분에 '브런치'라는 더 큰 기회를 잡을 수 있었다. 세상에 쓸모없는 만남은 없고, 모든 인연은 다 소중함을 다시 한번 느낀다. 당신을 아프게 만든 상처도 당신을 브런치 작가, 더 나아가 출간작가의 길로 이끌어 주길 기대해 본다. 믿지 못하겠지만, 모든 삶은 다 글이 될 자격이 충분하다. 이 책을 읽은 독자들이 '브런치 고시 합격생'이 되어, 본인만의 이야기를 세상에 전하는 날이 오길 소망하며 응원을 남긴다.

답정너 합격 통보

브런치 작가 심사 과정을 알아보자. PC나 앱을 통해 작성한 신청서를 제출하면 영업일 기준으로 5일 이내 회신을 받을 수 있다. 합격 여부는 이메일을 통해 알려준다. 대다수 지원자는 "과연 내 글이 통과될 수 있을까?"라는 궁금함을 참지 못하고, 작가 신청을 완료한 뒤 수시로 메일함을 열어 확인한다. 필자 역시 그랬다. 계속해서 새로고침을 누르다 보니, 〈브런치 작가 신청 결과 안내드립니다〉라는 제목을 확인하는 순간이 왔다. 짧은 한 문장을 읽고 나니, 곧바로 주변이 올림픽 양궁 결승전 현장으로 변하는 놀라운 일이 벌어진다. 두근두근, "드디어 나도 브런치 작가가 되는 건가?"라는 기대감이 생기며 심장이 격하게 뛴다. 짧게나마 금메달을 결정짓는 마지막 활시위를 당기는 궁사가 된 심정을 느낀다. 제목을 클릭하는 손가락이 부들 부들 떨린다. '당연히 합격하겠지'라는 희망을 안고 결과를 확인한다. 그런데 본문 최상단에는 예상과는 다른 문장이 적혀 있다.

안타깝게도 이번에는 모시지 못하게 되었습니다.

으아~악! 원하던 답이 아니다. 그렇다. 우리가 받고 싶은 메일은 따로 있다. 제목을 읽자마자 흥에 겨워 어깨를 들썩이게 만드는 문장이 필요하다.

[브런치스토리] 브런치 작가가 되신 것을 진심으로 축하드립니다.

이러한 회신을 받으면 심장이 제한속도를 초과해서 마음껏 뛰도록 허락해도 좋다. 본문을 열면 큼지막하게 적힌 축하 문구가 당신을 반겨줄 게 분명하다.

진심으로 축하드립니다. 소중한 글 기대하겠습니다.

나 또한 전하고 싶은 말이다. 여기까지 읽은 것으로 미루어

며칠 후, 늦어도 몇 주 후에는 당신도 브런치 작가가 되리라 확신한다. 그리고 몇 년 후에는 출간작가가 되어 있을 수도 있다. 정성을 꾹꾹 눌러 담아 작성한 글을 수십 명, 수백 명, 더 나아가 수만 명이 읽는 상상을 하며 꾸준히 쓰다 보면 좋은 날은 반드시 온다. 브런치는 예비작가의 바람을 현실로 만들어 주는 공간이다. 믿음을 갖고 긴 여정의 첫발을 즐겁게 떼어 보자.

여기서 잠깐, 브런치 작가 신청 관련해서 알아두면 도움이 되는 정보가 하나 더 있다. 합격과 활동은 별개라는 점이다. 작가 신청 시 제출한 계획대로 브런치 활동을 해야만 하는 건 아니다. 원래 인생이 다 그렇다. 남편들이 결혼 전에 했던 말들을 결혼 후에 다 지키지 않는 것과 비슷한 이치다. 회사도 다르지 않다. 입사지원서에 적힌 각오대로라면 애사심 충만한 직원들로 북적일 텐데 현실은 불만 가득한 직원들로 넘쳐난다. 이와 마찬가지로 브런치 작가 신청도 활동과는 별개의 영역이니 부담 없이 작성해도 좋다. 어떻게 아냐고? 필자가 바로 그 주인공이기 때문이다. 〈치과 방사선사의 병원 생활 이야기〉로 작가 승인을 받고 〈무명작가 에세이 출간기〉를 연재했다. 브런치스토리팀에서는 괘씸했는지(?) 눈여겨보다가 9주 만에 방사선사인 내게 '글쓰기 분야 크리에이터' 배지를 달아주었다. 크리에이터에 선정되면 작성한 글의 노출 빈도가 확 높아지고, Daum

첫 화면에도 더 쉽게 오른다. 대다수 브런치 작가들이 탐을 내는 귀한 자격이다. 고로, 나는 이제 확신한다. 브런치는 창작의 자유를 존중하는 너그러운 공간이다.

혹시나 어렵게 적은 내면의 이야기를 타인과 공유할 준비가 되지 않았어도 걱정할 필요는 없다. 브런치 작가 신청은 저장된 글로도 접수가 가능하다. 그러니 부담 없이 쓰고 발행은 천천히 고민해도 괜찮다. 글을 써서 결과물을 얻고 싶거든 우선 심사부터 통과해 보자. 브런치 작가가 되면 크고 작은 기회들이 눈앞에 펼쳐진다. 내가 경험했고, 이제는 당신 차례다.

브런치 작가의 훈장

브런치는 허영심 많은 한국인의 특성을 자극해서 플랫폼 활성화를 노린다. 일부 작가들을 '스토리 크리에이터'로 선정해서 우아한 배지를 부여한다. 덕분에 크리에이터들은 홈 화면부터 분위기가 남다르다. 게임에서 고급 아이템으로 중무장한 캐릭터가 등장할 때처럼 순식간에 이목을 집중시킨다. 홍보 효과가 상승하는 놀라운 기능까지 더해지니 브런치의 크리에이터 배지는 유튜브의 '실버버튼' 역할을 일부 담당한다.

안녕하세요, 작가님!
브런치스토리의 스토리 크리에이터가 되신 것을
축하드립니다.

2024년 1월, 깜짝 놀랄 만한 메일을 받았다. 본문에는 '글쓰기 분야 크리에이터' 선정을 축하하는 내용이 담겨 있었다. 설렘을 안고 앱에 접속하니, 프로필에 생긴 크리에이터 배지가 방긋 웃으며 열심히 손님을 반기는 게 보인다. 작은 원과 함께 한 줄 글이 생겼을 뿐인데 작가의 품격이 올라간 듯한 착각에 빠진다. 연두색 동그라미 안에 적힌 대문자 S를 확인하자마자, 마치 슈퍼맨이라도 된 듯 자신감이 막 샘솟는다. 활동 두 달 만에 빠르게 달성한 성과여서 그런지 기쁨이 더 컸다. 브런치에서는 100일 이내 크리에이터 배지를 받는 게 흔한 일은 아니었기에 작가로서 자부심도 느꼈다.

당시만 해도 응원하기는 크리에이터의 특권이었다. 안내에 따라 응원금이 입금될 계좌 정보를 등록한 후, 귀가와 동시에 아내에게 기쁜 소식을 전했다. "자기야, 나 오늘 크리에이터 됐어. 이제 응원금도 받을 수 있대. 좋지?"라고 물으니, 아내의 얼굴이 금세 어두워진다. 곧이어 "어렵게 만든 성실과 노력의 아이콘을 버리고 돈을 벌겠다고? 자기 성격에 그거 받으면 마음 불편해서 즐겁게 못 쓸 텐데? 그냥 하던 대로 해"라고 답한다. 브런치 내 주요 수치가 상위 0.1% 안에 들어가며, 인기가 하늘을 찌르던 때다. 외식비 정도는 벌 수 있을 거라 기대했는데 배우자의 반대가 생각보다 심하다. 부가 수익을 창출하려는 남편의 의지를 칼같이 자른다. 아쉽긴 하지만 아내가 한 말을 들어서 잘못된 적이 거의 없다. 지나고 나서 보면 항상 옳다. 현실을 인정하고 흔쾌히 아내의 의견을 따랐다.

그로부터 얼마 뒤, 응원하기가 모든 작가에게 오픈 되었을 때도 아내는 같은 의견을 고집했다. 이번에도 군말 없이 배우자의 말을 따랐다. 우연을 가장한 필연이었을까? 비슷한 시기에 첫 책이 출간되었고, 3개월간 '천재작가'라는 필명으로 글을 쓰며 궁금증을 유발했던 과정을 끝내고, 정체를 드러낼 시간이 되었다. 복면 가왕 우승자의 가면이 벗겨지기 직전처럼 기대감을 증폭시키며 본명과 함께 책을 공개했다. 출간 소식을 전하는 세 편의 글에는 '♡'가 수천 개, '댓글'이 수백 개 남겨지며 폭발적인 호응을 얻었다. 이후 3개월간 그동안 응원하기를 달아 놓은 보상을 전부 다 받았다. 예상보다 훨씬 더 많은 구독자들이 책을 구입하고, 도서관에 희망도서를 신청하며 도움을 주었다. 브런치와 기타 SNS에 서평을 올려 준 동료 브런치 작가만 해도 40명이 훌쩍 넘었다. 목표 대비 200권 이상 많은 판매 실적을 달성했고, 돈과는 비교할 수 없는 소중한 응원을 받는 경험을 할 수 있었다.

참고로 스토리 크리에이터는 브런치 내에서 '뚜렷한 주제로 우수한 창작 활동'을 펼치는 창작자 중 선별해서 자격을 부여한다. 필자는 구독자, 라이킷(브런치에서는 '좋아요'를 '라이킷'이라 칭한다), 댓글 3대 지표에서 모두 탁월한 성과를 나타내며, 오직 책 출간이라는 특정 분야의 글만 발행했다. 확실한 콘셉트가 긍정적으로 작용한 덕에 빠른 크리에이터 선정이 가능했으리라 예상한다. 이따금 기적과도 같은 구독자 수 증가를 기록하는 작가들이 "왜 나는 크리에이터에 선정되지 않는가?"라는 주제로 글을 남기기도 하는데, 이 경우 의심 가는 게 있다. 글 발행 시 일관된 키워드를 사용하지 않고, 다양한 분야의 글을 남겼을 가능성이 높다. 브런치는 글 발행 시 주요 키워드를 3개까지 입력하도록 되어 있다. 필자는, '에세이, 작가, 출간, 원고, 출판사' 등의 내용을 주로 넣었다. 결국 일관성 있는 발행 글 키워드를 포함하여, 누가 봐도 '이 작가는 뚜렷한 색이 있네'라는 생각이 들 정도로 특색 있는 브런치를 구성하는 게 크리에이터 선정이 되는 지름길이다.

스토리 크리에이터에 선정되면 카카오 주요 채널에서 글이 노출될 기회가 늘어난다. 훗날 출간이라는 고지에 오르면 느끼겠지만 무명작가에게 홍보력은 든든한 지원군이다. 미리미리 준비하는 게 좋다. 지나고 나서 보니, '글쓰기 분야 크리에이터 배지'는 나의 자부심이 되어 주었다. 자신감 있는 소통을 도

왔고, 후광효과로 인해 빠른 구독자 수 증가에도 영향을 미쳤다. 선발 과정이 복잡하지 않으니, 브런치 작가 승인 이후에는 크리에이터 선정을 목표로 브런치 활동을 이어가는 게 어떨까? 친절한 브런치는 답도 미리 알려준다.

스토리 크리에이터는 4가지 요소를 종합해서 판단한다.
1. 전문성: 한 가지 주제에 대해 깊이 있는 콘텐츠를 만들어 보세요
2. 영향력: 구독자 수를 늘려 나만의 팬을 확보해 보세요
3. 활동성: 꾸준히, 규칙적으로 콘텐츠를 올려 보세요
4. 공신력: 다양한 활동을 인증하고 프로필을 꾸며 보세요

- 출처: 브런치스토리팀

위 내용을 참고해서 브런치를 구성하면 빠른 크리에이터 선정이 가능하다. 경험해 보니, 홈 화면에 더해진 작은 훈장 하나가 목적지 도착 예정 시간을 크게 앞당긴다. 심지어 무료니 이용하지 않을 이유가 없다. 크리에이터 배지를 달고, 자부심을 느끼는 날을 기대하며 알찬 브런치를 구성해 보자.

저자 되기 정말 쉬워요

'저자' 되기 참 쉬운 세상이다. 일정 분량의 '원고'와 '돈'만 있으면 누구나 책을 출간할 수 있다. 출판시장이 어렵다 보니, 일부 출판사들이 출간 수익을 포기하고 작가에게 돈을 번다. 목구멍이 포도청이니 어쩔 수 없는 선택이다. 심지어 출판 강의와 출간 대행 등의 서비스를 만들어 내며 틈새시장을 계속 키운다. 어떻게 아냐고? 포털사이트에 '자비출판'을 검색하면 파워링크가 첫 화면을 가득 메우고, '더 보기 →' 클릭까지 유도한다. 예비작가들은 합리적 비용, 압도적 디자인, 대형서점 유통, 마케팅 지원 등의 홍보 문구를 확인하는 순간 가슴이 콩닥콩닥 뛴다. 손가락이 저절로 움직이며 링크를 클릭한다. 기대에 부응하며 첫 화면부터 이목을 집중시킨다. 성공 출판의 파트너답

게 한 권부터 인세 지급을 약속한다. 확실한 마케팅 지원은 기본 중에 기본이다. 입이 쩍 벌어진 상태에서 순식간에 '레드 썬'을 당한다. 스르륵 착각에 빠지는 데는 3초면 충분하다. 어느새 '전업 작가가 되어야 하나?'를 고민하며 인세로 불어나는 통장을 상상한다. 베스트셀러 작가가 되어 돈을 펑펑 뿌리고 사는 풍족한 미래를 꿈꾸며, 급기야 초판 인쇄 부수를 고민하기에 이른다.

작가를 꿈꾸는 사람들이 많다 보니, 마케팅 능력을 강조하며 저자 대신 고객(?) 유치에 힘쓰는 출판사들이 늘어난다. 이들과 함께한 경우에는 어떤 결과가 나타날까? 그럴듯한 표지와 내지 디자인, 출판사명이 적힌 책의 저자가 된 기쁨도 잠시, 금세 현실을 마주한다. 주변 지인들에게 "책 좀 사 주세요" 하고 부탁하기에는 살짝 어색하고 민망하다. 출간한 책의 속지에 우아한 서명을 남기는 즐거움을 포기할 수는 없으니, 여기저기 선물을 하며 만족감을 채운다. 무언가 아쉽긴 하지만 믿는 게 있으니 기대감이 꺾이지는 않는다. 헉! 그런데 희망도 잠깐이다. 마케팅의 귀재라고 생각했던 담당자가 사실은 둔재였던 것일까? 외로움을 많이 타는 책들이 함께 태어난 형제자매들을 두고 떠나기를 거부한다. 거금을 투자해서 만든 책들이 새로운 주인을 만나지 못하고, 최첨단 보안 시스템이 있는 창고에서

'수문장'을 자청하며 굳건히 자리를 지킨다. 내 이름으로 된 책을 한 권 갖는 게 진정한 소원이 아니었음을 깨닫게 되기까지는 그리 오랜 시간이 걸리지 않는다.

 '저자'와 '작가'는 사용되는 의미가 같은 듯 다르다. 책 표지와 판권에 이름을 올리면 자타 공인 저자로 인정받는다. 그럼에도 "저 작가 됐어요" 하고 주변에 알리기에는 어딘가 모르게 조금 부족하다. 이유가 무엇일까? 국어사전에서 각각의 뜻을 찾아보니 분명한 차이점이 보인다. 작가를 검색하면 '문학 작품, 사진, 그림, 조각 따위의 예술품을 창작하는 사람'이라고 나오는 반면, 저자는 '글로 써서 책으로 지어 낸 사람'이라고 나온다. 결국 작가는 예술품을 창작하는 사람이지 단순히 책을 만드는 사람이 아니었음을 알 수 있다. 더 나아가 '예술품'은 무엇일까? 사전에서는 '예술적 가치가 있는 작품'이라고 설명한다. 정리해 보면, 예술적 가치가 있는 책의 저자가 바로 작가다. 물론 여기까지 읽고도 "나는 작가나 저자 상관없이 책 한 권 내는 게 소원이야"에 큰 의미를 두거나, 혹은 "내 손을 거치면 모든 게 다 예술이지"라고 확신하는 최강 자존감을 소유한 사람들이 있을 수 있다. 만약 당신이 여기에 해당한다면 브런치를 강력히 추천한다. 책 출간을 준비하기 위한 플랫폼으로는 브런치만 한 게 없다.

브런치는 작가들이 글을 쓰고 저장하는데 최적화된 환경을 제공한다. 심지어 발전을 조금씩 거듭한다. 대표적인 예가 바로 '브런치북 연재'다. 브런치 작가들은 자유롭게 글을 써서 올리기도 하지만, 정기적인 연재를 통해 분량을 늘려가는 방식을 채택하기도 한다. 모든 글은 독립적인 글로 발행이 가능하지만, 주제가 같다면 대개 '매거진'으로 묶어서 발행한다. 매거진을 사용하는 경우 책을 집필하는 과정과 비슷한 방식으로 글을 쓸 수 있다는 장점이 있다. 한 주제에 맞는 목차를 구성하고 분량을 늘려가다 보면 책 한 권 분량이 뚝딱 채워진다. 이러한 매거진에도 단점은 있다. 인간의 본성이 반영되지 않았다. 많은 브런치 작가들이 한 편, 두 편, 세 편까지는 즐겁게 쓰다가 금세 흐지부지되며 배추를 센다.

　한... 포기!

　브런치는 나약한 인간의 본능을 꿰뚫고 있는 게 분명하다. Daum/카카오가 괜히 대기업은 아니다. 주 1회 이상 정기적으로 글을 써서 발행하도록 작가를 독려하는 시스템을 고안해서 적용했다. 발행 글 노출 가능성을 높여 준다는 당근을 던지며 작가들을 끊임없이 유혹한다. 이렇게 탄생한 게 바로 브런치북 연재다. 주 1회부터 7회까지 자유롭게 지정해서 최대 30화까지 정해진 요일에 맞게 글을 올릴 수 있다. 약속을 지키지 않아도 벌금을 부과하거나 작가 자격을 박탈하지는 않지만, 지속적인 알림을 통해 작가의 게으름을 스스로 돌아보게 만들며 발행을 권고한다.

자의든 타의든 간에 한 가지 주제로 30화 연재를 끝냈다면, 모인 글을 한글이나 워드로 옮길 시간이다. 참고로 브런치는 저작권 보호를 위해 복사하기 기능을 막아놨지만, 자신이 쓴 글은 예외다. 로그인을 하면 본인 글은 복사가 가능해진다. 옮겨진 글의 분량이 A4 100페이지가 넘는다면, 이제는 통장 잔고를 확인하는 일만 남는다. 글자 크기는 10포인트를 기준으로 하나, 정 어려운 경우 11포인트까지도 무난하다. 12포인트는 아무래도 좀 그렇다. 예상과는 다르게 분량이 적다면 잠깐 좌절한 뒤, 곧바로 시즌 2를 준비해야 한다. 〈내 돈 내고 책 내기〉로 30화 연재를 끝냈다면, 〈내 돈 내고 책 내기 시즌 2〉로 이어가는 게 무난하다. 시즌 2가 끝났는데도 분량이 부족하다면 어떻게 해야 할까? 그렇다. 우리에게는 시즌 3이 있다. 숫자를 키워가며 목표한 분량과 자금 조성이 마무리되었다면, 이제 남은 건 딱 하나다. 포털사이트에 접속해서 자비출판을 검색한 후 나와 잘 맞는 업체(?)를 찾아서 출판계약서를 작성하면 된다. 축하한다. 당신이 바라던 저자가 되는 게 눈앞이다.

이처럼 예비작가들이 저자가 되는 가장 빠른 방법 중 하나는 브런치에 글을 남기는 것이다. 출간까지 6개월이면 충분하고, 빠르면 3개월 안에도 가능하다. 어쩌면 한 달 만에 책이 뚝딱하고 만들어질 수도 있다. 목표가 단순히 '책 한 권 출간'이라면 고민할 시간도 아깝다. 지금 당장 브런치북 연재를 시작해 보자. 포기하지 않고 꾸준히 글을 남기다 보면, 저자란 바람은 어느새 현실이 된다. 단, 한 가지 기억해야 할 게 있다. 목표가 무엇이든 간에 스스로의 선택이 가장 중요하다. '나도 브런치 작가가 되어, 책이나 한 권 내볼까?'라는 생각으로 가슴이 두근거린다면, 본인을 먼저 파악하는 게 우선이다. 자, 이제 목적지를 결정할 시간이다.

당신의 꿈은 저자인가 아니면 작가인가?

저자와 작가 사이

인생을 바꾸어 준 한 권의 책이 있다. 독서를 하다가 '이 정도 책은 나도 쓰겠는데?'라는 생각이 들어서 처음 펜을 들었던 날이 지금도 생생히 기억난다. 필자와 비슷한 직업군을 가진 작가가 쓴 에세이였다. 젊은 감각의 디자인, 흔치 않은 소재, 자신의 일상을 담담히 적어 내려간 적당한 필력, 그럭저럭 읽히기는 했지만 깊은 공감과 긴 여운을 얻지는 못했다. 딱히 주변에 권하고 싶다는 생각이 들지도 않았다. 이제는 그 이유를 안다. 그 책이 어떠한 과정을 거쳐 제작되었는지를 예상하기 때문이다. 우연한 계기로 출간에 숨겨진 비밀을 유추할 수 있는 기회를 얻었다.

예비작가들은 원고가 완성되면 출판사에 투고를 한 뒤 결과를 기다린다. 출간 가능성이 높지는 않지만, "내 원고는 무조건 채택이지"라는 근거 없는 자신감으로 배를 가득 채우는 경우가 많다. 즉시 회신이 올 거라는 기대와는 다르게 출판사들은 대개 '무응답'으로 거절 의사를 밝힌다. 고로 책을 읽을 때마다 판권에 적힌 출판사 이메일을 기록하는 습관을 가지는 게 좋다. 이는 독서도 하고 투고 연락처도 수집하는 일석이조의 행위다. 2023년 봄, 첫 출간을 기대하며 서두에 언급한 출판사에 원고를 투고했고, 발송 3일 만에 반가운 회신을 받았다. 제목부터 느낌이 딱 왔다. 첨부파일까지 포함한 정성스러운 본문을 확인하는 순간, 심장과 맥박이 '스피드 모드'로 전환하며 긴장감을 높였다. 계약금, 인세, 마케팅 계획, 출간 일정 등 모든 게 다 완벽했다. 예비작가에게는 세상에 다시없을 기회처럼 보였다. (딱 하나만 빼고)

출판사는 내게 '인세 10%, 선인세 100만 원, 저자 증정본 50권(통상 10권), 1년 이내 출간'을 약속하며, 400만 원을 요구했다. 출판시장이 어려우니 저자와 출판사가 함께 투자해서 책을 내자는 취지다. 직장 튼튼한 40대 가장이 꿈을 이루는 비용치고는 저렴한 금액이다. 출간 이후 베스트셀러에 오르면 투자금 회수는 순식간이고, 통장에는 인세가 계속 쌓일 게 자명하다.

머릿속에 탑재된 암산기를 두드리니 0.01초 만에 '합리적인 제안'이라는 결과가 나온다. 게다가 투고한 원고는 언제 읽어도 재미가 있다. 비록 저자가 출간 비용의 일부를 부담하는 '반기획출판' 제안이지만 계약을 진행하는 쪽으로 마음이 기운다.

아내에게 기쁜 소식을 전하니, 축하 인사 대신 "자기 후회 안 할 자신 있어?"라는 냉담한 반응이 돌아온다. 곧이어 "출판사도 확신이 없어서 작가에게 비용 부담을 전가하는 책을 과연 독자들이 사서 읽을까?"라는 질문을 던진다. 정신이 번쩍 든다. 커다란 망치로 머리를 한 대 쾅 하고 맞은 듯한 큰 충격을 받는다. "연락 주셔서 감사합니다. 계약하겠습니다"라는 회신을 잠시 미룬 뒤, 서점 사이트에 접속해서 해당 출판사가 출간한 책들을 하나둘씩 살펴봤다. 아니나 다를까 수상한 점들이 눈에 띈다. 출간 도서 수는 엄청난데 판매량이 높은 책은 한 권도 없다. 불안한 마음을 달래며 도서관에 달려가 책을 직접 확인하니, 흔들리던 마음이 싹 정리가 된다. 책을 펼쳐도 읽고 싶은 마음이 생기지 않는다. 원하던 상황이 아니었음을 깨닫고 정중히 거절 메일을 보냈다. 안타깝기는 하지만 후회가 남지 않는 출간을 하고 싶었다.

첫 책을 준비하면서 반기획출판 제안을 세 번이나 받았다.

그때마다 '악마의 유혹'인 줄 알고 거부했지만, 이제는 생각이 바뀌었다. 목적에 부합하는 경우 반기획출판도 좋은 기회일 수 있다. 출간 일정을 앞당겨 '작가'라는 명함도 빨리 얻을 수 있고, 주변에 "저 작가 됐어요" 하고 자랑도 할 수 있으니, 때에 따라서는 '천사의 속삭임'이라 여겨도 좋을 듯싶다. 완성도는 조금 떨어지겠지만 편집자의 손을 거쳐 출간하는 책은 자비출판과는 확연히 다르다. 혹시 지금 '이 정도 책은 나도 쓰겠는데?'라는 생각이 드는 사람이 있다면, 마음을 담아 축하 인사를 건넨다. 당신은 빼어난 '문재(文才)'를 지닌 게 분명하다. 그러니 얼른 펜을 들고 새롭게 역사를 써보자. 글쓰기 입문자의 숨겨진 재능을 끌어올리는 데는 브런치가 단연 최고다.

참고로 반기획출판을 제안하는 출판사들은 우회적인 표현을 주로 사용한다. 받아 간 계약금에서 다시 계약금을 지급해 주는 기괴한 방식을 사용하기도 하고, "어차피 주변에 선물도 하셔야 하니 200~300권 정도는 필요하시잖아요"라는 핑계를 대며 선 구입을 강요하기도 한다. 저자 구입가 70%를 제안하며 엄청난 혜택을 주는 것처럼 접근하지만 사실은 아니다. 출판사는 대개 65% 이하의 공급률로 서점에 책을 위탁 공급한다. 이 말인즉슨, 대다수의 출판사는 서점보다 작가에게 책을 판매할 때 더 높은 이윤을 남긴다. 이래저래 복잡하니, 단순하게 "작가

의 주머니에서 돈이 십 원이라도 나오면 반기획출판이구나"라
고 이해하면 쉽다.

　브런치에는 '작가에게 제안하기'라는 기능이 있다. 덕분에 출
간 제안, 강연 의뢰 등을 위해 등록된 메일로 사적인 연락이 가
능하다. 일부 구독자들은 인간의 무한한 응용력을 여기에도 적
용한다. 종종 내게 '기타 목적 제안하기'를 사용해서 출판사 투
고 연락처를 문의한다. 오래된 친구의 안부 인사처럼 반가운
연락이다. 주변 사람들에게 작은 도움을 전하는 게 내게는 언
제나 큰 기쁨으로 다가온다. 그래서 회신을 보낼 때는 일전에
반기획출판을 제안했던 출판사들의 연락처를 처음과 중간, 맨
끝에 적절히 배분해서 발송한다. 누군가에게는 반기획출판이
소중한 기회가 될 수 있다고 생각하기에 알면서도 지우지 않는
다. 실제로 내게 200부 선 구입을 조건으로 내걸었던 출판사와
계약을 했다며 고맙다는 인사를 건넨 작가도 있다. 꿈을 이루
고 행복해하는 그에게 "출간 축하드려요. 정성으로 만든 책, 꼭
읽어 볼게요"라는 인사를 건넨 뒤 책을 한 권 구입했다. 이렇게
만난 책은 맨 뒤 에필로그부터 읽는다. 동료 브런치 작가의 기
쁨과 설렘이 활자를 통해 온전히 전해지며, 나도 함께 보람을
느끼기 때문이다.

삶을 살아가는 데 있어, 책을 한 권도 갖지 못한 것보다는 책을 한 권 갖는 것이 여러모로 더 낫다고 확신한다. 그렇다면 반기획출판으로 책을 낸 경우 '작가'라고 할 수 있을까? 굳이 분류하자면 '저자와 작가 사이' 그 어디 즈음이 아닐까 싶다. 책의 완성도에 따라 자리한 위치는 달라지리라 예상한다. 그럼에도 '나는 반기획출판 정도가 적당하겠는데?'라는 생각이 든다면 고민할 시간도 아깝다. 브런치가 딱이다. 브런치북 연재를 통해 완성된 원고는 언제든지 투고가 가능하다. 더욱이 필자에게는 아래와 같은 믿음이 있다.

하늘은 스스로 돕는 자를 돕고,
브런치는 출간에 도전하는 예비작가들을 돕는다.

그런 의미에서, 이 책이 당신의 삶을 바꾸어 준 한 권의 책이 되길 기대한다.

작가의 명함

"지이 잉~~~~~~~~~~~~."

'967,000원 - 도서출판 ○○○'이 계좌에 찍힘과 동시에 온 우주가 기뻐하며 나를 위해 잠시 멈춘다. 예비작가들은 출판계약서에 서명을 남긴 후, 계약금을 입금 받는 날 비로소 작가가 되었음을 실감한다. 표현하기 힘든 벅찬 설렘이 온몸을 감싸며 인체의 모든 감각을 지배하기에 이른다. 비가 내리지 않아도 눈가에는 물방울이 가득 맺힌다. 일생에 한 번 체험하기 힘든 묘한 감정을 느낀다. 글로소득이 주는 기쁨은 체감 만족도가 상상을 초월한다. 돈이 가진 실제 가치보다 0이 최소 2개는 더 붙는다. 더 나아가 소득자의 자존감이 높아지고, 존재 가치도 올라간다. 이는 경험해 본 사람만이 알 수 있다. 당신도 기획출판 작가가 되어 차원이 다른 행복감을 꼭 느껴보았으면 한다.

출간 계약 이후 저자에게 지급되는 계약금 100만 원은 원천징수세액 3.3%를 제하고 입금되나, 간혹 세전 금액으로 입금 후 인세 정산 시에 공제하는 출판사도 있다. 두 상황 모두 기분이 '응원하는 야구팀의 역전 만루 홈런' 만큼이나 짜릿하다. 자본주의 사회에서 구두 계약은 예선전이고, 계약서에 도장 두 개가 쾅 하고 찍힌 뒤 금전이 오가야 진정한 효력이 발생한다. 출간도 마찬가지다. "우리와 함께 갑시다"를 외치는 게 중요한 게 아니다. 출판계약서에 도장이 찍히고 적힌 계좌 번호로 계약금이 입금된 후에야 출간을 기대할 수 있다. 돈이 곧 신뢰인 세상이다. 참고로 출판계약서에는 선인세 형식의 계약금, 인세율, 저자 증정본 수량, 저자 구입 시 할인율, 출간 일정, 은행 계좌 등의 다양한 정보가 담긴다. 꺼림칙한 부분이 있다면 사전에 조율해서 진행하는 것도 가능하다. 출판사가 출간 비용을 전액 부담하는 기획출판의 경우, 저자가 돈을 지불하거나 도서를 구입하는 조건은 없다. 그래서일까? 출판계약서 하단 저자 서명 란에 사인을 남기는 기분은 '부동산 매매 계약서에 이름을 남기는 것' 만큼이나 설레고 기쁘다. 환상 그 자체다.

본시 인간은 환경의 영향을 많이 받는 동물이다. "가까이 지내는 다섯 사람의 평균이 내 모습이다"라는 말이 그냥 생긴 게 아니다. 브런치도 예외는 없다. 브런치 작가 중 열에 아홉은 출간작가를 목표로 꾸준히 글을 써서 발행한다. 욕심 없이 시작한 경우에도 주변 작가들이 앞다투어 출간을 준비하니 마음이 서서히 움직인다. "자녀를 위해 학군지로 이사하는 부모의 심정이 이렇겠구나" 하고 예상이 간다. 더욱이 브런치에서는 수시로 출간 소식도 들린다. 자타 공인 작가 양성소라 불릴 만하다. 이쯤 되니, 대치동 입시 학원의 역할을 출간에서는 브런치가 담당한다고 할 수 있겠다.

브런치는 매년 브런치북 출판 프로젝트를 진행하며 다수의 출간작가를 배출한다. 공모전은 정시 개념이고, 이 외에 수시도 많다. 브런치 작가들은 자유롭게 출판사에 원고를 투고하며 출간을 준비한다. 시작은 대부분 기획출판이다. 성공 가능성이 낮다 보니, 중간에 목표가 반기획이나 자비출판으로 하향 조정되기도 한다. 그럼에도 모든 형식의 출간을 포함하면, 5%가 넘는 브런치 작가들이 결국 책을 낸다. 출간작가의 비율이 예상 외로 높다. 브런치를 통해 데뷔하는 작가들도 꽤 많고, 이 책 또한 출간하기까지 브런치의 도움을 많이 받았다. 브런치 작가로서 9개월간 두드러지게 활동하며 브런치를 작가의 명함으로 만들었기에 가능했던 일이다. 첫 책 준비 시에는 완성된 원고로 6개월이 걸렸던 출간 계약을, 두 번째는 원고도 없이 출간기획서 한 장으로 3일 만에 체결할 수 있었다. 이 모든 게 다 브런치가 가진 잠재력 덕분이다. 지금부터 그 비밀을 맛보기로 살짝만 공개하고자 한다. 심호흡 깊게 한 번 하고, 두 눈 크게 뜬 채 집중해서 읽기를 바란다.

책이 팔리지 않는 시대다 보니 작가의 인지도가 출간에 미치는 영향이 크다. 예를 들어 설명해 보겠다. 방송인 유재석이 신년 목표로 "책을 한 권 출간하겠습니다"라고 공개적으로 발표하는 순간, 어떤 일이 벌어질까? 파주시는 북한군이 발사한 미사일이 논두렁에 떨어진 수준의 비상사태가 선포될 게 분명하다. 출간과 동시에 초대박 베스트셀러가 보장된 책을 출간하기 위해 출판사들은 기획안을 작성하느라 분주해지고, 몇몇 출판사들은 이런 날이 올 줄 알고(?) 미리 준비해 놓은 기획안을 꺼내 수정한다고 바쁠 듯싶다. 이처럼 날이 갈수록 유명 인사들의 출간은 더욱 수월해진다. 요새는 열 시간 인터뷰만으로도 책이 한 권 뚝딱 나오기도 한다.

그렇다면 '방송인 유재석' 대신 '회사원 류귀복'이 "저는 올해 에세이를 한 권 출간하고자 합니다"라는 내용으로 준비한 원고도 없이 출판사에 메일을 발송한다면 어떤 일이 벌어질까? 아마도 씹히거나 욕먹거나, 둘 중 하나일 확률이 매우 높다. 이처럼 유명인과 일반인은 대우가 확연히 다르다. 초기 판매량에서부터 엄청난 차이가 나니 당연한 결과라고 할 수 있다. 물론 단군 이래 최악의 출판시장에서도 오로지 필력만으로 책을 내서 성공하는 작가들이 종종 나타나지만, 이들은 다른 세계의 사람들이다. 우리가 가질 수 없는 능력을 소유한 인물들이니 같은 기준으로 생각하지 않는 게 정신 건강에 좋다.

사람들이 점점 더 책을 읽지 않는다. 주변에서 독서인을 찾는 게 로또 판매점을 찾는 것보다 훨씬 더 어렵다. 이러한 시대적 흐름을 고려할 때, 팔리는 책을 출간하기 위해서는 작가가 유명해질 필요가 있다. 목표 달성을 위해서는 모든 인간에게 주어진 '노력'이라는 강력한 무기를 활용해야 한다. 단언컨대 브런치에서 인지도를 쌓다 보면 출간 확률은 무명일 때 보다 10배 이상 더 높아진다. 어쩌면 100배일 수도 있다. 주말도 없이 바쁘게 일하는 편집자가 하던 일을 모두 멈추고 집중해서 원고를 검토하게 만들고 싶지 않은가? 그렇다면 브런치 구독자 수를 눈에 확 띄게 늘려 보자. 숫자가 높아지면 당신이 어떤 글을 쓰는 사람인지 선보일 기회도 덩달아서 늘어난다. 이때 브런치가 인상적인 명함의 역할까지 한다면 편집자의 이목이 당신에게 쏠리는 건 시간문제다. 이후에는 출판계약서에 도장을 찍는 게 나을

지 서명을 남기는 게 나을지 고민하는 일만 남는다.

　진정한 작가가 되어, '온 우주가 나를 위해 잠시 멈추는 짜릿함'을 느껴보길 원한다면, 브런치에 온 정성을 쏟아보자. 무에서 유를 창조하는데 브런치만큼 확실한 공간도 드물다. 이 책을 읽은 독자들도 가까운 미래에 글로소득의 주인공이 되는 기쁨을 만끽하고, 입금 소식을 알리는 휴대폰 진동음을 듣는 날이 오길 소망한다.

　"지이 잉~~~~~~~~~~~~."

또 다른 기회,
브런치북 출판 프로젝트

복권 판매점에는 '로또'가 있고, 브런치에는 '브런치북 출판 프로젝트'가 있다. 두 장소 모두 인생 역전을 노리는 사람들이 주로 찾는다. 인기도 좋아서, 매주 토요일 저녁 9시만을 기다리며 살아가는 이들도 주변에 종종 보인다. 행운을 기대하며 구입한 작은 종이에 적힌 숫자 6개가 모두 일치하는 순간, 오늘과는 다른 내일이 펼쳐지기 때문이다. 브런치북 출판 프로젝트도 이와 비슷하다. 글 열 편을 써서 프로젝트에 응모한 후 수상을 하면, '작가'라는 새로운 명함이 생긴다. 미래에 대한 기대감이 잔뜩 더해진 탓일까? 프로젝트 수상자들은 전업과 부업 여부에 상관없이 '로또 1등' 당첨만큼이나 커다란 기쁨을 누린다.

작가 지망생들에게 브런치북 출판 프로젝트는 다시없을 소중한 기회다. 수상자로 뽑히면 500만 원이라는 두둑한 상금을 받고, 역량 있는 파트너 출판사와 함께 책을 출판하는 영광도 얻는다. 출간 일정도 빠르고 인세도 후하다. 작가와 출판사가 10% 수준에서 인세를 협의 후 결정한다. 최근 신인 작가들의 인세가 6~8% 수준으로 낮아진 걸 감안하면 자타 공인 만족스러운 조건이 분명하다. 게다가 대상 수상자는 브런치를 포함한 다방면의 홍보를 무상으로 지원받는다. 출간을 소망하는 예비 작가들의 눈이 두 배 더 커질 만하다.

필자는 브런치북 출판 프로젝트와는 인연이 없다. 2023년 8월, '제11회 브런치북 출판 프로젝트' 응모를 준비하다가 신청 직전에 마음을 바꿨다. 당시는 완성된 에세이 원고를 140개 출판사에 투고한 뒤 삼시 세끼 식사와 함께 슬픔으로 배를 채우던 시기였다. 출판사가 발송한 회신 메일이 도착하면 기대감으로 입꼬리가 순식간에 올라갔다가, 본문을 열자마자 금세 내려오기를 반복했다. 출간 계약의 문턱까지 두 번이나 올랐으나 아슬아슬하게 넘지를 못하니 슬픔이 극에 달했다. 거짓말 조금 보태면, 군 입대 전날보다 스무 배 정도 더 우울한 날들이 쭉 이어졌다. 그 와중에 저자가 출판 비용을 일부 부담하는 반기획 출판 제안을 받으니 눈이 돌아가지 않을 수가 없었다. 뿌리치기 힘든 제안을 한 곳도 아니고 무려 세 군데 출판사로부터 연이어 받았다. 달콤한 유혹과 연달아 맞서다 보니, 입맛을 잃고 살이 쭉쭉 빠졌다. 다행히 "자기는 글이 문제가 아니야. 때가 아닌 거니 조금만 더 기다려 봐"라고 위로하며, 믿고 응원해 준 아내 덕분에 어려운 싸움을 이겨낼 수 있었다.

모든 일에는 시작이 가장 중요하다. 그런 의미에서 첫 책은 반드시 제대로 된 절차를 거쳐서 출간하고 싶었다. 출판사 투고 결과로 인한 상처를 얼른 수습하고, 제11회 브런치북 출판 프로젝트 응모를 결심했다. '인생은 어차피 한 방이니까 차라리 잘 된 거지'라는 생각을 하며 스스로를 다독였다. 정성스레 작성한 지원서 덕분일까? 신청 하루 만에 브런치 작가에 선정되었다. 작은 희망에 기뻐하며 응모를 준비할 새도 없이, 한 시간 후 도서출판 지성사로부터 운명을 바꾸는 또 다른 메일을 받았다.

좋은 원고 보내 주셔서 감사합니다.
선생님도 좋으시다면 저희가 책으로 출간하고 싶습니다.

브런치 작가에 합격한 날, 간절히 바라던 출간 계약이 현실이 되는 기적이 함께 일어났다. 자연스레 프로젝트 응모는 없었던 일이 되었다. 이듬해도 마찬가지다. '제12회 브런치북 출판 프로젝트' 참여를 고민하던 중, 더블:엔과 두 번째 출간 계약에 성공하며 또다시 도전할 기회를 잃었다. 이처럼 필자는 출판사 투고로 책을 출간하는 작가다. 그럼에도 브런치북 출판 프로젝트가 탐이 나는 이유는 명확하다. '새로운 작가의 탄생'이라는 프로젝트 취지에 걸맞는 화려한 출간 지원 때문이다. 무명 작가로 책을 출간해 보니 홍보와 마케팅의 중요성을 새삼 깨닫는다. 프로젝트 수상자들은 프로필 사진과 함께 책이 자주 브런치 메인에 오른다. 엄청난 지원을 받으며 화려한 조명 아래에서 북콘서트도 개최한다. 이쯤 되니 먹은 게 없는데도 배가 슬슬 아파진다. 부러우면 지는 거라지만 마음 한편에서 서서히 몸집을 불려가는 '샘'을 어찌할 도리가 없다.

수상자 중에서 필자의 배를 가장 아프게 만든 인물은 바로 임홍택 작가다. 그는 '제5회 브런치북 출판 프로젝트'에서 은상을 수상한 뒤 《90년생이 온다》를 출간했다. 문재인 전 대통령이 재임 당시 청와대 전 직원들에게 추천해서 화제가 된 책이기도 하다. 초대박 베스트셀러를 탄생시킨 저자는 직접 출판사를 창업했다. 이제는 전국을 다니며 강의를 하고, 책을 출간한다. 필자의 기준에서는 무척이나 부러운 삶을 살고 있다. 《젊은 ADHD의 슬픔》을 출간한 정지음 작가도 선망의 대상이다. 이 책은 '제8회 브런치북 출판 프로젝트'에서 대상을 수상한 후 출간되었다. 그녀 또한 높은 서점 판매지수를 선보이며 내게 심한 복통을 선사한다. 이쯤 되니 궁금증이 한여름 밤 모기떼처럼 몰려온다. 브런치의 체계적인 출간 지원이 없었어도 과연 이 책들이 베스트셀러가 되었을까? 답은 아무도 모르겠지만, 나는 "아니다"에 마음이 기운다.

정리해 보면, 브런치북 출판 프로젝트는 예비작가들에게는 신이 선물한 기회나 마찬가지다. 매년 정해진 일정에 따라 오직 글만 보고 새로운 작가를 계속 배출한다. 예로부터 결과는 신의 영역이지만 도전은 인간의 영역이라고 했다. 브런치 작가가 되어 글을 열 편만 써서 발행하면 브런치북 출판 프로젝트 응모 자격이 짜잔 하고 나타나니, 도전을 마다할 이유가 없다. 목표 달성을 위해 지금부터 펜을 들고 한 글자씩 꾸준히 적어 보자. 본디 위대한 결과는 작은 점에서부터 시작하는 법이다. '제○○회 브런치북 출판 프로젝트'의 주인공은 당신이 되길 바라며, BGM으로 'PRODUCE 101'의 〈나야 나 (PICK ME)〉를 선곡하며 이야기를 마친다.

둥! 둥! 둥! 둥!
오늘 밤 주인공은 나야 나. ~♬

브런치를 대하는 자세

_____
_____
_____
_____
_____
_____   _ん_

출간은 '전쟁'이고, 홍보는 '지옥'이다. 무명작가는 출간 이후 지인을 제외하면 100부를 판매하기도 쉽지가 않다. 독자가 책을 펼쳐 볼 기회를 만드는 게 상상 이상으로 힘들다. 오죽하면 요새는 독자보다 저자가 더 많다는 말까지 심심치 않게 들린다. 상황이 어렵지만 좌절하기에는 아직 이르다. 우리에게는 브런치가 있다. 브런치는 책을 홍보하기에도 적합한 공간이다. 출간 도서를 브런치북 배경 사진으로 사용한 뒤 메인 노출을 늘리면 불특정 다수에게 책을 홍보하는 효과가 발생한다. 메인 화면 최상단은 에디터의 영역이지만, 두 번째는 작가의 영역이다. 글이 목 좋은 자리를 차지하는 데 작가의 역할이 크다. 브런치북 연재의 경우 '요일별 랭킹'에 따라 글의 노출 빈도가 결정되며, '응원금'이나 '♡'가 많이 남겨질수록 더 높은 곳으로 올라간다. 필자의 경우 응원하기를 닫아 놓은 상태여서 응원금은 0원이었지만, 글에 남겨지는 평균 ♡ 수는 7만여 명 브런치 작가 중 TOP3 안에 들었다. 연재를 시작하기만 하면 '라이킷 수 부분' 최상단에 오르는 건 시간문제였다. 게다가 Daum과 연계된 브런치의 장점을 잘 살리면 수만 명 예비 독자들에게 글을 노출하는 것도 가능해진다. 작가의 인지도가 책 판매로 이어지는 세상이다. 생각만으로도 집필 의지가 활활 타오른다. 좋은 기회를 놓치기가 아쉬워 출간한 책을 알리기 위해 브런치북 연재를 계획했다.

당시는 오직 브런치 내 성장만을 목표로 글을 작성하던 시기다. 필명 '천재작가(천 번을 쓰고 지우며 재미있는 문장을 완성하는 작가)'로 〈무명작가 에세이 출간기〉라는 매거진을 만들어서 책 출간 관련 글만 올렸고, 단기간 내 브런치 인지도를 높이기 위해 천재작가라는 브랜딩에 집중했다. 기대한 대로 브런치 작가들의 관심을 끄는데 성공했고, 브런치 역사에 남을 만큼 폭발적인 구독자 수 증가를 보였다. 그럼에도 Daum 첫 화면에 노출되어 조회수가 폭등하는 일은 없었다.

〈무명작가 에세이 출간기〉 연재 종료와 함께 필명을 버리고 다시 본명을 찾았다. 분신이나 다름없는 책도 한 권 생겼다. 챙겨야 할 식구(?)가 늘어나니 천 단위 조회수를 만 단위로 끌어올리고 싶은 욕심이 들었다. 크리에이터 자격을 포함한 여러 조건을 감안했을 때, '샤넬'이라는 키워드를 활용해서 글을 올리면 Daum 노출을 노려보는 게 가능할 듯싶었다. 포털 사이트 첫 화면에 글이 오르길 기대하며 네 편의 초고를 써서, 아내에게 먼저 보여주었다. 심장이 쫄깃쫄깃 해지면서 불안감이 영역을 확장하려는 찰나, 전직 문학소녀가 피식하고 웃는다. 글을 읽은 아내의 반응이 예상보다 좋다. 잘 될 거라는 확신이 막 샘솟는다. 2024년 6월, 자신감을 갖고 〈인티제의 사랑법〉 연재를 결심했다. 준비는 완벽했으나 딱 한 가지 걸리는 부분이 있었다. 응원하기가 생긴 뒤로 브런치 최상단 노출 효과가 가장 뛰어난 부분에는 응원금이 남겨진 글만 올라간다. 책 표지가 홍보될 수 있는 흔치 않은 기회를 놓치는 건 바보 같은 일이다. 끈질기게 아내를 설득해서 응원하기 오픈에 대한 결재를 받아냈다. 그렇게 응원 계좌를 연 뒤 연재를 시작했고, 이후 응원금이 남겨지며 샤넬로 관심을 유도한 글이 Daum 첫 화면에 오르는 데 성공했다. 글 한 편으로 조회수 3만을 기록했고, 책 표지도 수시로 브런치 메인에 올랐다. 매주 금요일, 연재 당일에는 '라이킷 수 1위'를 달성하며 눈에 띄는 자리를 당당히 차지했다. 결국, 연재 시작 전에 목표한 바를 모두 이룬 셈이다. 덤으로 두 번째 출간 계약까지 이루었으니, 이보다 더 좋은 결과가 있을 수 없을 만큼 만족스러운 성과를 얻었다고 해도 과언이 아니다.

처음에는 돈을 전하는 응원하기가 문인에게 적합하지 않은 방식이라 생각했다. 좋은 글을 만나면 멋진 댓글로 응원을 남기면 충분하다고 여겼다. 하지만 연재 성공 이후 마음이 달라졌다. 순수한 목적의 응원하기는 창작자를 지원하는 아름다운 문화라는데 동의한다. 독자의 마음이 작가에게 전달되면 금액에 상관없이 집필 의지가 하늘을 향해 로켓처럼 쭉 뻗어 오르기 때문이다. 그동안 '마감이 영감'이라는 말에 격하게 공감했는데, 이제는 '응원금이 영감'이라는 말에도 종종 고개를 끄덕일 듯싶다.

2007년 5월, 샌프란시스코 시내를 걷다가 흥겨운 음악 소리를 듣고 발길을 멈춘 적이 있다. 드럼을 연주하는 흑인 남성의 땀과 열정이 환상적인 리듬을 만들어 내며, 광장을 금세 무대로 바꾸어 놓았다. 따사로운 햇살 아래 관객들이 서서히 모여들었고, 자세히 보니 놓인 악기가 조금 특별하다. 플라스틱 통으로 만든 드럼이 나열되어 있다. 연주자는 쓰레기와 악기의 경계를 허물며 신나게 연주를 이어갔다. 기분 좋은 순간을 사진으로 남기고 싶어 모금함에 1달러 지폐를 넣었다. 살면서 처음으로 버스커에게 금전을 건넨 날로 기억한다. 내게 응원금을 남겼던 독자들의 마음이 이와 같지 않았을까 싶다. 연주자와 관객이 함께 즐거운 버스킹을 만드는 것처럼, 작가와 독자가 만나 브런치를 이룬다. 하나둘씩 늘어가는 관객들은 버스커에게 기쁨이 되고, 모금함에 쌓여가는 지폐와 동전은 공연을 지속할 연료가 된다. 이와 마찬가지다. 한 명 두 명 늘어나는 독자들이 작가에게는 기쁨이고, 이따금씩 남겨지는 응원금은 가슴 벅찬 격려로 전해진다.

18년 전, 짧은 시간 경험했던 버스킹의 기억이 아직까지 생생한 이유가 무엇일까? 아마도 지폐 한 장을 건넴으로써 관객이었던 내가 조연이 되어 무대를 함께 빛냈기 때문이라 생각한다. 브런치는 어떤가? 작가와 독자가 만나 주연과 조연의 역할을 하며 추억을 쌓는다. 부디 이 책이 악보가 되어 당신의 무대가 서점으로 이어질 때까지 도울 수 있기를 바라본다. 행운을 빈다.

PART 002

브런치
작가입니다

대박의 징조

데니스 웨이틀리(Denis Waitley)는 "진짜 위험한 것은 아무것도 하지 않는 것"이라고 했다. 도전하고 싶은 마음은 가득하지만 실행으로 옮기는 일은 늘 어렵다. 글쓰기도 그중 하나다. 사람들은 "내 인생은 책 한 권으로는 부족하지"라는 말은 종종 하면서도 실제로 펜을 들지는 않는다. 이유가 무엇일까? 책은 작가만 써야 한다는 선입견 때문이다. 이는 오해가 분명하다. 급변하는 세상이다. 어제와 오늘이 확연히 다르다. 출간을 위한 진입장벽도 이전보다 많이 낮아졌다. 도전을 시작할 용기와 포기하지 않을 끈기만 있다면 누구나 작가가 될 수 있는 시대다. 고로, 독자들을 후욱~ 끌어당길 힘이 있는 스토리가 무엇보다 중요하다.

브런치에는 출간기를 남기는 작가들이 셀 수 없이 많다. 다양한 방식으로 일련의 과정을 설명한다. 책을 쓰기로 마음먹고 원고를 완성한 뒤, 출판사에 투고를 해서 계약으로 이어지는 출간 절차를 각양각색의 문장으로 표현한다. 인지도를 높여 책을 홍보하고자 하는 목적이 크지만, 기대와는 다르게 큰 호응을 얻지는 못한다. 그럼에도, 책보다 출간기가 더 화제가 된 사례는 있다. 바로 '천재작가'다. 독특한 필명으로 〈무명작가 에세이 출간기〉를 남긴 40대 남성은 브런치에서는 꽤나 유명하다. 단 6주 만에 9편 글로 네 자릿수 구독자를 만드는 신화를 썼다. 한겨울 브런치를 뜨겁게 달군 평범한 가장은 이제 브런치 작가들의 희망이다. 그를 구독하는 사람들은 "옆집 아저씨 같은 남자도 출간에 성공했으니 나도 할 수 있다"라는 자신감을 얻는다. 단전에서부터 대박을 향한 의지가 뿜뿜 샘솟는다.

천재작가는 필자가 브런치 활동 초기에 사용한 필명이다. 이례적인 구독자 수 증가로 인해 "작가님, 구독자 늘리는 방법 좀 알려 주세요"라는 요청을 많이 받는다. 어찌 보면 쉽고, 어찌 보면 어려운 부탁이다. 독자를 의식하며 쓰는 브런치 글은 완전히 다른 영역이기 때문이다. 단순히 잘 쓴다고 해서 구독자가 느는 게 아니다. 읽히는 글을 써야 한다. 독자의 니즈를 파악하는 게 우선이다. 혹시나 '나는 보이는 숫자 따위에는 연연

하지 않아'라는 생각을 하는 사람들이 있을 수도 있다. 나 역시 예전에는 그랬다. 출판계약서에 도장을 찍고 난 후 관점이 확 달라졌을 뿐이다. 최소한 책 제작비는 회수하길 바라며 독자를 찾아 나섰다. 우연히 입성한 브런치에서 이름이 알려진 덕분에 2만 원짜리 에세이를 500여 권 더 팔았다. 계산해 보니 매출액이 무려 천만 원에 가깝다. 기대 이상의 판매 실적을 달성한 뒤 걱정을 조금 덜었다. 주변에 "저 사실 작가예요"라는 말을 당당히 하기까지 브런치의 역할이 가장 컸다. 특히, 구독과 관심으로 힘을 실어 준 동료 작가들에 대한 고마움은 평생 잊히지 않을 듯싶다.

브런치를 시작한 대다수의 작가들은 여러 가지 사유로 구독자가 빨리 모이길 원한다. 사랑받고 싶은 건 인간의 본능이니 당연한 현상이다. 이번 장에서는 받은 응원에 보답하는 마음으로 그동안 알리지 않았던 무명작가의 브런치 성공 노하우를 아낌없이 공개하고자 한다. 정해진 답은 없겠지만 참고해서 본인만의 길을 개척하길 바란다. 꼼꼼하게 읽고 실천하면 출간까지의 목적지 도착 예정 시간이 크게 앞당겨지리라 기대한다. 바쁜 일상에서 짬을 내어 책을 읽고 있는 당신이라면 작가로서 성공할 자격은 이미 충분하다.

벽인 줄 알고 있지만, 사실 문이다.

봉준호 감독의 영화 〈설국열차〉에서 나온 명대사다. 오랫동안 닫혀 있어서 벽이라고 확신하는 걸림돌이 사실은 문일 수도 있다. 부딪혀 보기 전에는 모르는 법이다. 도전을 시작할 때 눈앞에 장애물이 보이면, "똑똑~" 노크해 보자. 설사 문이 없어도 괜찮다. 벽도 깨부수면 길이 생긴다. 필자는 당신에게 '열쇠'와 '망치' 두 가지를 모두 선물할 예정이다. 이 길 끝에는 밝은 미래가 기다리고 있으니, 삶은 계란 준비하고 여정을 즐겨보자. 대박행 열차는 지금 바로 출발한다.

알아두면 쓸데있는
브런치 작가 유형

골방에서 혼자 글을 쓰던 시대는 지났다. 소통이 대세다. 너도나도 SNS를 즐긴다. 타자와의 공감이 기쁨과 만족으로 이어지는 세상이다. 인스타그램에 짧은 글을 적어 일상을 공유하고, 브런치에 긴 글을 남겨 웃음과 감동을 전한다. 글과 그림, 사진을 게시하며 누군가 나를 알아봐 주길 바란다. 크고 작은 기쁨은 함께할 때 더 커진다. 이처럼 오늘날 인류는 각자의 방식으로 본인의 감정을 공유하며 살아가길 원한다.

브런치에는 네 가지 유형의 작가들이 주로 활동한다. 크게는 은둔형, 소통형, 스타형, 유유자적형으로 구분할 수 있다.

간단히 소개하자면, 은둔형은 조용히 글만 쓰는 작가다. 라이킷과 댓글, 심지어 구독에도 반응하지 않고 조용히 글만 올린다. 템플스테이처럼 브런치를 정신 수양의 장소로 이용한다. 꾸준히 글을 쓰며 자아를 성찰하고, 혹시 모를 출간 제안을 기다린다. 구독자 수는 대개 한두 자릿수를 유지한다. 간혹 세 자릿수까지 올라가기도 하나, 딱히 숫자에 신경을 쓰지 않는다.

필자가 선호하는 소통형 작가는 하루가 짧다. 까치도 아닌데 받은 은혜를 갚느라 상시 바쁘다. 라이킷이 남겨지면 당사자에게 급히 달려가서 보답한다. 품앗이는 한국인의 정이니 얼른 라이킷부터 누른다. 기존 구독자는 댓글까지 남길지 여부를 고민하고, 신규 작가는 구독을 누를지를 고심한다. 활발한 소통은 빠른 구독자 증가로 이어져 금세 세 자릿수 구독자를 만든다. 일 년 안에 네 자릿수로 넘어가는 작가도 가끔씩 등장한다. 이들은 대부분 일 평균 두 시간 이상을 브런치에 투자하며 소통에 힘쓴다. 두세 달만 지나도 이웃 작가의 댓글 창에서까지 친근한 필명을 다수 발견할 정도다. 엄청난 노력 덕분일까? 출간작가가 되는 확률은 은둔형에 비해 훨씬 더 높다.

스타형 작가는 단연 최고다. 소통 없이 글만 올려도 구독자가 꾸준히 늘어난다. 간혹 독자의 머리를 세게 쾅 하고 때리거나 긴 여운을 남기는 글에는 응원 댓글이 달리기도 한다. 네 자릿수 구독자는 기본이고 이따금 다섯 자리까지 올라가기도 한다. 출간작가가 대부분인데, 예비작가로서 Daum이나 브런치 메인에 계속 오르며 유명세를 치른 사례도 있다. 전자에 해당하는 작가들은 여러 권의 책을 출간하고, 도서 홍보 목적으로 글도 올린다. 누구나 꿈꾸지만 오르기는 쉽지가 않다. 반면, 후자는 상황이 다르다. 구독자 증가가 대개 네 자릿수에서 멈추고, 운이 따를 때에만 출간으로 이어진다.

마지막은 유유자적형이다. 예상하는 그대로다. 속세를 초월하여 신선처럼 브런치를 유영한다. 앱 접속은 매일 하지만 글은 한 달에 한두 번 정도만 올린다. 그마저도 건너뛰기도 한다. 좋아하는 작가를 방문하는 것은 기본이고, 파도를 타고 모르는 작가를 방문해서 댓글을 남기는 것도 즐긴다. 브런치 자체를 애정하며, 목적이 품앗이가 아니라는 게 큰 특징이다. 기회가 되면 출간을 하겠다고 선언은 종종 하지만, 딱히 큰 욕심은 없다. 본인이 브런치 마을의 일원이라는 사실만으로도 충분히 행복해한다. 출간하는 동료 작가들을 진심으로 축하해 주며 응원을 아끼지 않는다. 구독자는 대부분 두세 자릿수를 유지한다. 이들은 브런치의 응원단 역할을 자처하며, 브런치 작가들에게 애정 어린 격려를 보낸다.

이 글을 작성한 시점은 2024년 가을이다. 브런치를 시작한 지 만 1년이 되었고, 한 해 동안 모인 구독자 수는 4,500명 정도다. '브런치 소통왕'이라 불리며 소통형 작가로서 왕성하게 활동했기에 독보적인 기록을 만들어 낼 수 있었다. 브런치 사측(社側)에서는 구독자 수 증가에 대한 공식 집계 및 발표는 하지 않는다. 자체 조사 결과 신뢰도 99% 수준으로 비공식 1위임을 자부한다. 운이 많이 따랐고, 시행착오도 가끔 겪었다. 자연스레 그간 네 가지 작가 유형을 전부 경험하는 행운을 얻었다. 지금은 카멜레온처럼 때에 따라 유형을 선택해서 활용한다. 소통형을 기본으로 글 발행 휴식기에는 유유자적형을 즐긴다. 간혹 스타형이 되기도 하지만, 초기 선택했던 은둔형으로 돌아갈 가능성은 매우 희박하다.

우리에게 주어진 시간은 한정적이다. 바쁜 일상에서 선택과 집중은 더 나은 결과를 만들어 낸다. 이어지는 내용을 전부 적용하기는 어렵겠지만, 본인에게 적합한 몇 가지만 참고해도 이 책의 가치는 충분하다고 본다. 브런치에 대한 색다른 접근법이 당신의 빠른 성장을 도우리라 확신한다. 필력은 조금 부족해도 괜찮다. 브런치는 미흡한 필력을 노력으로 보완이 가능한 고마운 공간이다. 도전을 망설일 이유가 없다. 좌충우돌 필자의 경험담이 독자들의 효율적인 시간 활용에 도움이 되길 기대할 뿐이다. 더불어 이 책이 구독자 수 증가의 속도를 높이고, 원하는 바를 빠르게 얻기까지 큰 역할을 하길 두 손 모아 바라본다.

같은 글, 다른 반응

딩동! 딩동! 딩동!

연재 글 발행과 동시에 수천 개의 휴대폰이 정적을 깬다. '새 글 알림'이 비상을 선포하며 바삐 움직인다. 하트 옆에 적힌 숫자가 빠르게 올라간다. 순식간에 두 자릿수를 지나 세 자릿수를 만든다. 반응이 좋은 날에는 하루 만에 300을 넘기기도 한다. 전국 팔도에서 수많은 독자들이 스마트폰의 알림을 켜놓고 필자의 글을 기다린다. 바다 건너 해외에도 독자들이 다수 있다. 물론 처음부터 이랬던 건 아니다. 내게도 지독한 암흑기가 있었다.

세 명의 작가가 동일한 글을 브런치에 올리면 반응이 같아야 정상인데 현실은 그렇지 않다. 아래와 같이 결과가 다양하다.

A 작가 (구독자 30명)

조회수 25, ♡ 12, 댓글 0

B 작가 (구독자 1,000명)

조회수 1,308, ♡ 467, 댓글 96

C 작가 (구독자 3,000명)

조회수 3,919, ♡ 565, 댓글 142 + 응원 독자 5(응원금 43,000원)

공평하지 않은 세상이다. A 작가보다는 B 작가가, B 작가보다는 C 작가의 대우가 더 나아 보인다. 분명 같은 시간을 투자해서 작성한 글인데 독자들의 반응은 차이가 극명하다. 여기에는 비밀이 하나 있다. 이어지는 글을 읽고 난 뒤 내용을 다시 살펴보자.

딩동! 딩동! 딩동!

브런치에 처음 글을 올리면 라이킷이 여럿 눌린다. 신기한 일이다. 두 자릿수까지 금세 올라간다. 연이은 알림에 인기 작가가 되는 미래를 상상하며 몸이 저절로 바운스를 탄다. 하트 옆에 적힌 숫자를 확인한 심장은 꿈에 그리던 이상형을 만난 듯 빠르게 뛴다. 첫 글부터 대박을 예감하지만 바람과는 다르게 숫자는 금세 멈춘다. 다음 날, 그다음 날도 기적은 일어나지 않는다. 결국 두 번째 글을 발행하며 다음 기회를 엿본다. 마찬가지로 글이 올라가고 몇 분 지나지 않아 라이킷 수가 쭉 오른다. 또다시 두 자릿수를 만들지만 앞자리의 숫자는 1을 넘기지 못한다. 구독자는 한 자릿수를 계속 유지한다. 다음 글도, 그다음 글도 상황은 비슷하다. 은둔형 작가의 현실이다. 최신 글에 노출되어 스쳐가는 독자를 얻었을 뿐이다. 이 사실을 깨닫기까지는 오랜 시간이 걸리지 않는다.

이때 즈음 갈림길이 나온다. 표지판에는 은둔형과 소통형이 적혀 있다. 선택을 앞두고 심각하게 고민을 한다. 쉬운 길을 놔두고 어려운 길을 택하는 게 다소 한심하게 느껴진다. "에라 모르겠다" 하고 길도 나지 않은 유유자적형을 택기도 하지만, 대부분은 둘 중 하나를 고른다. 가던 길을 계속 고집하거나, 소통형으로 방향을 전환한다. 선택은 개인의 자유니 의사를 존중한다. 다만 목적이 출간이라면 험한 길을 걷길 추천한다. 소통형 작가가 되어 경험을 쌓다 보면 출간이 앞당겨질 가능성이 확연히 높아진다. 은둔형 작가의 미래는 어둡지만, 소통형 작가나 스타형 작가의 내일은 기대와 희망으로 가득하다.

A 작가 (구독자 30명) - 은둔형

조회수 25, ♡ 12, 댓글 0

B 작가 (구독자 1,000명) - 소통형

조회수 1,308, ♡ 467, 댓글 96

C 작가 (구독자 3,000명) - ??형

조회수 3,919, ♡ 565, 댓글 142 + 응원 독자 5(응원금 43,000원)

사실 세 작가는 동일 인물이다. A 작가는 필명 '글방'으로, B 작가는 필명 '천재작가'로, C 작가는 본명 '류귀복'으로 시기를 달리하여 같은 글을 세 번 올렸을 뿐이다. 동일한 글을 올렸을 때의 반응이 이처럼 명확하게 나뉜다. 인지도가 곧 실력인 세상이다. 작가의 영향력 차이가 확연히 다른 결과를 만들어 낸다. 서점도 마찬가지다. 유명 작가의 책은 출간과 동시에 베스트셀러에 오르는 경우가 많다. 무명작가가 글만 잘 써서 성공하는 게 보통 힘든 일이 아니다. 난관을 극복하기 위해 독자들과 소통하며 성공 가능성을 높이는 게 바람직한 방법일 수 있다. 현실이 이러하니, 부지런히 걷다가 갈림길을 만나면 신중히 고민해서 올바른 길을 선택하길 바란다.

그렇다면 C 작가는 무슨 형일까? 이해력이 뛰어난 독자들은 이미 예상했으리라 짐작한다. 바로 브런치의 꽃, 스타형이다.

브런치 내 인기 작가 반열에 오르면 조회수의 격이 달라진다. 영향력이 어마어마하게 커지고 기회도 덩달아 늘어난다. 때로는 응원금이라는 활력소도 얻을 수 있다.

구독자 수: 3,500
평균 조회수: 6,000
평균 라이킷 수: 500+α
평균 댓글 수: 100+α

스타형 작가가 되어 이 정도 실적을 달성하면 어떠한 일이 일어날까? 기대하던 출간이 현실이 된다. 완성된 원고 없이 출판사에 투고를 해도 계약서가 날아온다. 이 책이 곧 증거다. 단한 번의 투고로 출판계약서에 서명을 남겼고, 받은 계약금으로 커피를 사 마시며 글을 쓴다. 첫 책을 준비할 때에 비해 부담도 훨씬 적다. 불안감의 자리를 기대감이 채우니 마음이 한결 가볍다. 자연스레 자신감과 절친이 되어 스트레스도 덜하다. 무엇보다 "내 글이 책으로 만들어질 수 있을까?"라는 고민을 할 필요가 없으니 심신이 늘 평화롭다.

이쯤에서 "나는 타고난 스타형 작가가 아닐까?"라는 의구심을 품는 독자가 나타날 수 있다. 충분히 가능한 추측이다. 어쩌면 사실일 수도 있다. 우선 높은 자존감에 큰 박수를 보낸다. 짝짝짝! 여기에 더해 일부 독자는 첫 문장을 쓰기도 전부터 이미 베스트셀러 작가가 되는 상상을 할 수도 있다. 바람직한 자세. 내가 나를 믿어야 남도 나를 믿는 법이다. 그 기대가 현실이 되길 함께 응원한다. 다만 본인이 스타형 작가인지 확인하는 과정은 꼭 필요하니, 브런치 작가가 되어 첫 글을 발행해 보자. 일주일 후 만 단위 조회수를 얻거나 세 자릿수 구독자를 얻는다면 합격이다. 이 경우 꾸준히 글에만 정진하는 게 성공의 지름길이다. 혹시나 당신이 여기에 해당한다면 꼭 연락 주었으면 좋겠다. 구독을 누르고 스승으로 모시고 싶다.

동시에 수천 개의 휴대폰을 울리게 만드는 영향력 있는 작가가 되고 싶다면, 동료 작가들과 부지런히 소통하며 구독자를 늘려 보자. 경험해 보니 노력은 없던 재능도 만들어 내는 재주가 있다. 험지를 만나도 끝까지 포기하지 않고 걷다 보면, 반드시 출간에 유리한 고지가 나온다. 당신의 열정이 '평균 조회수 네 자릿수 작가'라는 멋진 결과로 이어지길 기대한다. 건투를 빈다.

브런치 투자의 정석

부모님과 여동생 그리고 나. 우리 네 식구는 모두 마이너스의 손이다. 주식으로 수익을 낸 사람이 없다. 한방을 기대하는 가풍이 투자 성향으로 이어져 대박주를 노리다 한결같이 쪽박을 찬다. 내 경우, 딱 한 번 투자한 주식이 반의반의 반 토막을 기록 중이다. 한 달 급여 정도의 수강료를 납부하고 큰 교훈을 얻었다. 투자금이 원금을 회복할 때까지는 눈에 칼이 들어와도 주식은 안 할 생각이다. 비단 나뿐만이 아니다. 무리한 도전은 대개 참혹한 결과로 이어진다. 브런치도 이와 비슷하다. 대박을 꿈꾸기보다는 멀리 보고 안정적으로 투자하는 게 더 낫다.

브런치는 여러 루트로 작가들의 글을 소개한다. 그중 브런치

내에서 노출 효과가 가장 뛰어난 최상단 메인에 오르면, 일 조회수가 네 자릿수를 기록한다. 1천에서 2천 정도 나온다. 제목과 배경 사진, 주말과 평일 등의 조건에 따라 조회수의 편차가 발생한다. 기타 요일별 연재, 요즘 뜨는 브런치북, 브런치스토리 인기글 등에 선정된 경우에는 숫자가 조금 더 낮다. 주로 백단위 조회수를 기록한다. 단순히 브런치 내 노출인 경우 기대만큼 높은 수치는 나오지 않는다. 그런데 브런치를 넘어 Daum 첫 화면에 글이 오르면 이야기가 달라진다. 기본이 2천이고, 최대 10만까지도 오른다. 흔히 말하는 조회수 급등이 일어나면 초보 작가들의 경우 난리가 난다. 실시간 조회수 알림을 확인하다 보면 심장이 곧 펑 하고 터질 것만 같다.

조회수가 1000을 돌파했습니다!
조회수가 2000을 돌파했습니다!
조회수가 3000을 돌파했습니다!

.

.

조회수가 10000을 돌파했습니다!
조회수가 20000을 돌파했습니다!

.

.

알림의 단위가 만을 넘어가면서부터는 꿈인지 생시인지 구별하기가 어려워진다. 꺄악 하고 행복한 비명을 계속 지르다 보니 호흡곤란이 올 지경이다. 찬란한 순간을 기록으로 남기기 위해 조회수 알림을 캡처해서 브런치에 올린다. 인정받고 싶어 하는 인간의 본능과 함께 편집자 눈에 띄어 출간 제안이 들어오지 않을까, 하는 기대감이 섞여 연출된 상황이다.

필자의 경우, 소통형 작가로 활동 시에는 글이 메인에 노출된 적이 단 한번도 없었다. '구독자 급등 작가'란에 프로필 사진만 꾸준히 올랐을 뿐이다. 브런치를 키우고 스타형 작가가 되어 본명으로 글을 발행하고 나서야 위에 언급한 모든 섹션에 글이 올랐다. 덕분에 조회수가 어마 무시하게 치솟았다. 이때부터는 평균 조회수가 무려 5천을 넘기 시작했다.

은둔형 작가는 조회수 급등을 경험하면 자연스레 옛 추억을 떠올린다. 학창 시절 미적분을 처음 접했을 때처럼 머릿속이 하얘진다. 수천에서 수만에 달하는 조회수가 찍혔지만 눈에 띄는 변화가 없으니 가슴이 체한 듯 답답하다. 라이킷은 겨우 두 자릿수를 기록하고, 구독자 증가는 고작 한 자릿수에 머문다. 그마저도 없는 경우도 있다. 도무지 이해가 가지 않는 상황이다. 해답지를 확인하기 전에는 답을 찾기가 어려울 듯싶다. 감정이 널을 뛰며 기쁨과 슬픔이 끊임없이 교차한다. 며칠 뒤, 이게 바로 알고리즘의 축복이었음을 깨닫는다. 은둔형 작가로서 제목과 소재에서 높은 점수를 받았지만 아쉽게도 본문이 부실하여 독자를 끌어당기지 못한 상황이다. 만약 당신이 여기에 해당한다면 슬픔 대신 자부심을 가져도 좋다. 베스트셀러는 제목과 소재가 9할이라고 해도 과언이 아닌 세상이니, 이 또한 신이 선물한 재능이라 할 수 있다. 글쓰기 기술만 보완하면 놀라운 성장을 기대할 수 있는 위치다. 반면 은둔형 작가가 글 한 편당 세 자릿수 구독자 증가를 만들어 낸다면 스타형 작가가 될 신호라고 여겨도 좋다. 이 경우 남은 문제는 딱 하나, 오직 분량뿐이다.

필자가 쓴 〈샤넬 백 사준 남편〉 글이 Daum 첫 화면에 올랐을 때는 어땠을까? 첫날에만 무려 50명에 가까운 독자들이 구독을 눌렀고, 일주일로 계산하면 구독자가 150명 넘게 늘었다. 라이킷은 750을 넘겼고, 총 조회수는 3만을 기록했다. 댓글 창도 길게 이어지며 오랜만에 숫자가 200을 넘겼다. 이 정도 수치는 브런치 작가들이 여기저기서 "아이고 배야"를 외치게 만드는 엄청난 기록이다. 어느 정도냐 하면, 김연아 선수가 밴쿠버 동계 올림픽에서 압도적인 점수 차로 금메달을 목에 건 상황이랑 비슷하다. 그럼에도 내게는 최고 기록이 아니다. 오직 조회수만이 기존 기록을 경신했다. 라이킷과 댓글, 구독자 수 증가는 기존 기록에 미치지 못했다. 메인에 오르지 않고도 한 주에 구독자가 300명 가까이 증가한 경험이 있고, 라이킷 870과 함께 댓글 345가 적힌 〈천재작가, 브런치가 만든 베스트셀러〉라는 글이 있기 때문이다. 이러한 경험 때문일까? 나는 노력이 언제나 운을 이긴다고 믿는다.

결국 조회수 급등은 양날의 검이다. 예비작가가 준비되지 않은 상태에서 조회수 폭등을 경험하면 평정심이 깨지기 쉽다. 조급함은 같은 영광을 기대하며 미흡한 글을 계속 발행하는 악순환으로 이어진다. 만약 초심자의 행운으로 알고리즘의 축복을 받는다면 차분하게 상황을 파악하는 게 우선이다. 높은 조회수를 얻고 나서 두 자릿수 이상의 구독자 증가가 따르지 않는다면, 글이 가진 매력이 부족하거나 독자가 공감이나 재미를 느끼지 못하고 있을 가능성이 크다. 초심으로 돌아가 정성스레 글을 다듬고, 독자의 반응을 살피는 게 필요한 시점이다.

플랫폼의 특성상, 초급자에게는 조회수가 미치는 영향이 적다. 동기 부여 차원의 우쭈쭈 정도에 불과하다. 초기에는 구독자와 댓글이 수십 배 더 중요하고, 브런치북 노출 효과가 필요한 시점에는 라이킷이 반짝 중요해진다. 그럼에도 최상단 메인에 올라야 하는 이유가 있긴 하다. 출간 이후 책 홍보가 가능하고, 브런치 작가 외 구독자를 얻는 데는 도움이 된다. 이 부분은 브런치 절대 고수의 영역이니 훗날 내공을 쌓고 고민해도 늦지 않다. 초반부에는 구독자 모집에 집중하는 게 최우선이다.

필자는 브런치북 연재를 시작하고 2주 차에 처음으로 글이 브런치 최상단 메인에 올랐다. 주말 낮에 발견하고는 홀로 방방 뛰고 난리가 났다. 3주와 4주 차는 건너 뛰고, 5주 차 〈샤넬백 사준 남편〉 글이 화제가 되면서부터는 매주 월요일마다 최상단에 올라 굳건히 자리를 지켰다. 연재 후반부에는 한 주에 3일씩 메인에 노출되었고, 글 한 편당 구독자는 100명이 넘게 늘었다. 결국, 조회수 급등 이후 두 자릿수 이상의 구독자 증가가 없거나 꾸준히 주목을 끌지 못한다면 아직은 때가 아니라는 신호다. '허세' 대신 '겸손'을 챙겨야 할 타이밍이다. 브런치를 통해 눈에 띄는 성장을 이루기 위해서는 구독자는 선택이 아니라 필수임을 명심하자. 작가 본인만 확인할 수 있는 조회수에 목을 맬 이유가 전혀 없다. 타인에게 보이는 구독자와 댓글, 라이킷이 훨씬 더 중요하다. 단발성 조회수 급등은 500만 원 월급을 받는 직장인이 일회성 상여금 30만 원을 받고 기뻐하는 정도로 여기고 만족하면 적당할 듯싶다.

여기까지 읽고도, 당신의 소중한 미래를 운에만 맡기고 싶다는 생각을 하는가? 그렇다면 얼른 이 책을 덮고 종교 서적을 펼치길 바란다. 종교 시설에 방문하는 것도 좋은 방법이다. 그게 아니라면 독하게 마음먹고 브런치를 키워 보자. 브런치 작가에게는 '라이킷'과 '댓글'이라는 완벽한 도구가 있다. 일 년 안에 네 자릿수 구독자를 만드는 게 노력만으로도 충분히 가능하다. 미래를 생각하며 소통에 힘쓰다 보면 당신의 가치가 급등하는 날은 반드시 온다. 고로, 우량주에 장기 투자하는 믿음으로 꾸준히 소통하며 브런치를 관리하는 게 좋다. 차근차근 인지도를 쌓다 보면, '주목받는 기회'가 찾아와 "반가워. 앞으로는 계속 함께 지내자" 하고 웃으며 인사한다. 이쯤에서 믿음이 생긴다면 이어지는 문장에 밑줄을 긋자.

신은 스스로 돕는 자를 돕고,
브런치는 소통하는 자를 돕는다.

브런치 작가의 자산

출간 가능성은 저자의 영향력에 비례해서 높아진다. 어떻게 보면 참 공평하지만, 저자 입장에서 생각하면 새삼 억울하다. 출판사도 답답하기는 매한가지다. 출판업은 자선사업이 아니다. 판매량을 고려하지 않을 수가 없는데 이를 이해하는 예비 작가들이 많지는 않다. 글만 잘 쓰면 모든 게 해결된다고 생각하니 피차 답답하다. 이따금 적자를 감수하고 책을 만드는 경우가 있긴 하지만 대부분은 수익성을 고려한다. 출간기획서에서도 홍보 계획이 차지하는 비중이 점차 늘어난다. 구매로 이어지는 지인이나 팔로워가 많을수록 출간은 더 쉬워진다. 예를 들어, 요즘 같은 시장 상황에서 초판 2천 부를 일주일 이내 소진할 수 있는 저자의 출간 제안을 거절할 출판사가 있을까? 아마도 출간 분야가 다르지 않은 경우를 제외하고는 찾기 어려울 듯싶다. 출판사 운영을 위해서는 판매 부수가 중요하기 때문이다. 벌써부터 한숨을 크게 내쉴 필요는 없다. 실망하기에는 아직 이르다. 브런치는 작가들에게 영향력을 키울 수 있는 환경을 제공한다. 잘만 활용하면 장애물을 부수고 지름길을 만들 수 있다. 선택은 당신의 몫이다.

필자는 좋아하는 작가나 출판사가 생기면 책을 구입하거나 도서관에 희망도서를 신청하며 응원한다. 회사 도서관을 이용해서 1년에 20권 넘게 출간 도서를 구입하는 출판사도 있고, 출간작을 모두 수집하는 작가도 있다. 정지우 작가도 그중 한 명이다. 매일 경제 사설에서 읽은 〈그럼에도 육아〉 때문이다. 연애부터 결혼까지 20년 가까이 함께한 아내가 처음으로 권해준 글이라 더 기억에 남는다. 당시는 새벽에 자주 깨는 아이로 인해 수년간 수면 부족에 시달리던 시기였다. 우울감이 육체를 지배하려는 찰나, 아내가 카카오톡으로 보내준 링크를 클릭해서 단숨에 읽었다. 짧은 신문 사설이 소설보다 긴 여운을 남기고, 힘든 육아가 순식간에 보람으로 느껴지는 마법이 일어났다. 댓글 창을 살펴보니 다들 상황이 비슷하다. 아이를 키우고, 키웠던 부모들은 작가가 들려주는 담담한 이야기에 집중하며 고개를 끄덕이다 끝내 눈물을 훔친다. 마지막 문장에 찍힌 마침표를 확인하고 나서는 고된 육아가 신이 준 선물이었음을 깨닫는다. 이 글을 작성하면서 오랜만에 다시 글을 찾아 읽었다. 1년 전과는 또 다른 감동이 가슴을 뜨겁게 데우고, 어느새 눈가는 촉촉해진다. 짤막한 글 한 편이 이토록 진한 여운을 만들 수 있다는 사실이 그저 신기할 따름이다.

〈그럼에도 육아〉라는 글이 온라인상에서 화제가 되었던 덕분일까? 그사이 같은 제목을 가진 정지우 작가의 신간이 출시되었다. 내게는 읽어야 할 책이 한 권 더 늘었다. 이처럼 좋은 글 한 편은 열성 팬을 만들고 책 출간으로도 이어진다. 필자 또한 이러한 흐름에 동승해서 혜택을 받는다. (작가 류귀복의 후속작을 기다려 준 고마운 지원군들 덕분에 감격스러운 오늘을 맞이할 수 있었다) 정지우 작가가 브런치에 남긴 글에 따르면, 본인의 SNS 전체 팔로워 2만여 명 중 1% 정도가 작가의 신간을 구입한다고 한다. 계산하면 200권 정도다. 필자는 어땠을까? 책을 출간할 당시 브런치 구독자 수가 2천 명 남짓이었는데, 출간 안내 글에 책 구매를 약속하는 댓글을 남긴 구독자가 200명이 넘었다. 게다가 구입 이후에는 도서관에 희망도서 신청까지 추가로 해준 경우도 많았다. 무명작가가 유명작가보다 팔로워의 구매율이 10배나 더 높은 이유가 무엇일까? 별 다섯 개, 매우 중요한 부분이니 형광펜을 꺼내도 좋다. 이어지는 부분이 바로 이 책의 핵심이다. 브런치에서는 구독에 대한 관점을 다르게 접근해야 한다. 단순 팔로워가 아닌 친한 동료로 발전하면 출간 이후 도서 구입 비율이 10% 수준까지 높아진다. 물론 그 이상이 될 수도 있다.

2023년 가을, 구독자의 3~7% 정도가 책을 구입해 주길 기대하며 브런치를 시작했다. 목표를 달성하기 위해 단순 구독자 수 증가를 떠나 소통에 온 힘을 쏟았다. 결과는 어땠을까? 6개월간 브런치를 통해서만 500여 권에 달하는 책을 판매할 수 있었다. 브런치는 독서 인구 비중이 높은 플랫폼이다. 서평을 남기거나 독서 모임을 즐기는 작가들도 많다. 단순 독자를 넘어 지인의 범주에 속하면 구매율이 급격히 높아질 수밖에 없는 환경이다. 전작 《나는 행복을 촬영하는 방사선사입니다》의 경우 40개가 넘는 자발적 서평이 브런치와 기타 SNS에 올라가면서, 구매를 망설이던 작가들이 책을 구입했고, 필자를 모르던 독자들도 책을 찾아 읽었다. 책값의 두 배가 넘는 배송료를 지급하면서까지 해외에서 책을 구입해 준 구독자들도 많았다. 브런치가 가진 잠재력을 잘 보여준 사례라고 생각한다. 구독자가 5천 명이 넘는 지금은 어떨까? 부디 좋은 결과로 이어져, 아낌없는 응원을 보내준 동료 작가들에게 새로운 희망으로 전해지길 바라본다.

경험해 보니, 브런치에서는 네 자릿수 구독자가 터닝 포인트다. 이때부터는 할 수 있는 게 많아지고, 구독자를 얻는 게 더 수월해진다. 브런치 입문자들에게는 다소 어려울지라도 불가능한 일은 아니다. 구독자를 하루 세 명씩만 모아도 1년이면 천 명이 넘는다. 하루 여섯 명이면 반년으로 앞당길 수 있다. 몇 가지 노하우만 참고하면 이 정도는 누구나 달성할 수 있는 수치다. 출간을 목표로 브런치에 글을 올린다면 구독자는 선택이 아니라 필수임을 기억하자. 힘들어도 반드시 해야 한다. 차라리 숙제라고 생각하면 마음이 더 편할지도 모른다.

지금은 부가 부를 부르는 세상이다. 자산은 많을수록 좋다. 센스가 넘치는 독자들은 이쯤에서 눈치챘으리라 기대한다. 그렇다. 브런치 작가에게는 구독자가 곧 자산이다. 구독자가 늘면 안 보이던 길이 새롭게 보이고, 없던 기회도 생긴다. 책 맨 뒤에 있는 부록까지 열심히 다 읽고 나면, 내년 이맘때 즈음에는 누구나 다 부자가 될 수 있다고 확신한다. 좋은 글에 소통이 더해지면 구독자 천 명은 6주면 충분하다. 혹시나 '나는 내향인이라 소통이 어려운데?'라는 생각을 한다면 괜한 걱정이다. 브런치에서 활발히 소통하는 필자도 극내향인이다. 당신의 결단을 기대하며, 멀리서나마 믿음으로 응원을 보낸다.

구독이 뭐길래

안정적인 투자를 위해서는 순자산을 확보하는 게 중요하다. 레버리지를 활용하면 목표에 더 빨리 도달하나 따르는 위험성도 덩달아 커진다. 과도한 부채는 파산의 지름길이다. 구독자 관리도 이와 비슷하다. 출간 이후 도서 구입으로 이어지는 독자가 진짜 자산이다. 숫자만 높이는 유령 독자들은 한계가 명확하다. 어렵더라도 순수 독자와 유령 독자의 비율을 적절히 유지하며 구독자를 늘려가는 게 필요하다.

보이는 스펙은 종종 막중한 역할을 담당한다. 이력서에 적힌 정보를 바탕으로 신입 사원이 뽑히고, 이직이 결정되기도 한다. 출간도 크게 다르지 않다. 출판사는 출간기획서에 기록된 정보를 참고하여 출간 여부를 결정짓는다. 이력서를 제출할 때 빈칸보다는 자격증이 있는 게 더 유리하듯, 출간기획서도 공란보다는 브런치 작가라고 적혀 있을 때 눈길을 더 끈다. 이러한 흐름 때문일까? 구독자 수에 집착하며 숫자를 늘리는 데에만 급급한 작가들을 자주 목격한다. 이는 상당히 위험한 행동이다. 무리한 투자로 인해 도산 위기에 처한 부실기업이 연상된다. 책 한 권 내고 사라질 게 아니라면 신중히 접근해야 한다. 출간 이후를 생각하면 단순 팔로워가 아닌 구매력 있는 동료 작가들을 얻는 게 수십 배 더 중요하다. 구독자들과 끈끈한 관계를 유지해야 원하는 미래를 그릴 수 있다.

자기 PR이 곧 무기인 시대다. 필자는 9개월간 하루 세 시간씩 브런치에 투자해서 목표 판매 부수를 초과 달성할 수 있었다. 그 결과를 바탕으로 두 번째 책도 계약했다. 아무런 정보도 없이 홀로 시행착오를 겪으며 여기까지 왔다. 이 책을 끝까지 읽고 브런치의 특성을 이해하면, 당신은 더 쉽게 목표를 달성할 수 있다. 경험해 보니, 구독자가 네 자릿수가 되면 출판사에 원고를 투고할 때 자신감이 붙는다. 앞자리 숫자가 바뀔 때마다 출간 가능성은 더욱 높아진다. 조급해하지 말고 꾸준히 구독자를 모으며 소통을 이어갈 필요가 있다. 모든 SNS가 그렇듯 브런치 작가로서의 영향력도 복리로 불어난다. 성실하게 하다 보면, 어느 순간 성과가 폭발하는 시점이 반드시 온다.

필자의 경우, 지금 당장 새 아이디를 만들어서 단순히 구독자만 늘리라고 하면 한 달 안에 1,000명도 모을 수 있다. 맞구독이라는 SNS 특성을 활용하면 최소한의 노력으로 기하급수적인 구독자 모집이 가능하기 때문이다. 시간도 많이 필요 없다. 하루 10분이면 충분하다. 이렇게 얻은 구독자는 의미 없는 숫자에 불과하기에 하지 않을 뿐이다. 이따금 비도덕적인 의도로 관심작가를 이용해서 빠르게 구독자를 늘려가는 작가들을 볼 때면 마음이 아프다. 이들은 대개 목표한 수준의 구독자가 모이면 본인이 누른 관심작가를 해지하는 수법을 사용한다. 아래와 같이 맞구독을 유도하며 빠르게 구독자를 늘린다. 참고로 브런치에서 구독자는 본인을 구독하는 독자의 숫자를 의미하고, 관심작가는 본인이 구독하는 작가의 숫자를 뜻한다.

구독자 10명 / 관심작가 100명
구독자 100명 / 관심작가 500명
구독자 1000명 / 관심작가 3000명

목표를 달성하면 이어지는 예시처럼 통보도 없이 스리슬쩍 관심작가를 지운다.

구독자 1000명 / 관심작가 100명

구독자 1000명 / 관심작가 10명

구독자 1000명 / 관심작가 0명

필자도 여러 번 당했다. 세상 곳곳에는 상식으로 이해할 수 없는 사람들이 많고, 브런치도 다를 바 없다. 위 방식이 법에 위배되거나 브런치 규정에 어긋나는 것은 아니나, 최소한 작가로서의 도의는 지켰으면 좋겠다. 담담히 사례를 남겼지만 실제로 접하면 충격이 꽤 크다. 맞구독도 인연이라고 관심작가가 자비로 출간한 책까지 구입하며 응원을 했는데 구독 해지를 당한 경우도 있다. 그러나 어쩌겠는가. 극소수의 얌체족으로 인해 상처받을 필요는 없다. SNS 세상에서 내가 바꿀 수 있는 건 오직 나의 마음뿐이다. 즉시 구독을 해지하며 손절하는 것으로 위안을 삼는 게 최선이다.

이렇게 이기적인 행동은 출간 욕심 없이 브런치를 놀이터 삼아 즐기려는 상황에서나 이용할 수 있는 방법이다. 절대 추천하지 않는다. 그럼에도 손쉬운 방법으로 구독자를 빠르게 늘리고 싶다면, 차라리 구독을 누른 이후 본인을 따라 구독한 작가들과 맞구독을 유지하는 형식이 더 낫다. 주는 만큼 받는 것은 나쁘지 않다고 본다. 물론 이 방식에도 문제는 따른다. 이론상 구독자와 관심작가의 숫자가 매번 일치해야 정상이나, 알 수 없는 누군가가 일방적으로 통보 없이 구독을 해지하면 곧바로 균형이 깨진다. 해결하기 어려운 암울한 사태가 발생한다. 구독자가 많으면 수천 번을 눌러서 다시 정돈해야 하는 번거로운 상황이 반복해서 생긴다. 노가다도 하루이틀이다. 결국 포기하고 절충안을 만들어서 타협한다. 구독자 세 자릿수까지는 정확도 100%를 유지하다가 네 자릿수로 넘어가면서부터는 95% 수준에서 만족하며 정신 건강을 지킨다.

내 기분이 중요한 것만큼 타인의 감정도 소중하다. 서로가 상처받지 않는 선에서 구독 관계를 유지하는 게 좋다. 투자 시에는 부채가 계속 쌓이면 위험 부담도 따라서 늘어난다. 고로 적정 부채 비율을 유지하는 게 안전하다. 출간을 목적으로 브런치를 시작한다면, 순자산이라고 할 수 있는 동료 작가들을 우선순위에 두고 집중 관리하길 추천한다. 그들만이 당신의 가치를 높여 줄 진짜 자산임을 명심하자.

작가의 출간 밑천

스케일이 큰 독자들은 글을 읽으며 "이 작가는 왜 고작 500부에 남다른 자부심을 느끼는 거지?"라는 의구심을 품으리라 예상한다. 100만 부 베스트셀러를 꿈꾸는 예비작가 입장에서는 의문이 생기는 게 당연하다. 나 또한 그랬다. 만 부 파는 게 쉬운 줄 알았다. 출간 이후 2쇄와 3쇄는 기본이라 생각했고, 100쇄도 기대했다. 현실은 어떤가? 호락호락하지 않다. 교보문고 오프라인 매장 베스트셀러 코너에서 같은 책 수십 권이 서로 의지하며 자리를 지키기는커녕, 한 권이 겨우 서가에 꽂혀서 손님을 기다린다. 그마저도 일부 매장이다. 서점 매대는 임영웅 콘서트 티케팅만큼이나 경쟁이 치열한 장소다. 모두가 탐을 내지만 자리는 한정적이기 때문이다. 매해 출간되는 책이 수백 종이 아니라 수만 종에 이른다. 장소가 제한적이다 보니, 대부분의 책들은 신간 매대에 2주 정도 편하게 누워서 쉬다가 서가로 이동해서 선 채로 벌을 선다. 체력이 약하면 그마저도 오래 버티지 못하고 몇 달 후 자리를 내주는 수모를 겪는다.

독서 인구가 줄다 보니, 작가의 분신이나 다름없는 소중한 책들이 독자를 만나지 못하고 창고를 지킨다. 무명작가는 상황이 더 안 좋다. 주변에 홍보를 하고, 신에게 기도를 해도 큰 변화는 없다. '몇 년 후에는 기획출판이 추억 속으로 사라질 수도 있겠다'라는 생각까지 든다. 저자가 출판 비용의 일부를 책임지는 반기획출판이 점차 늘어나는 추세에서 500부 판매는 나름의 상징적인 의미가 있다고 판단한다. 출판사에 원고를 투고했을 때, 저자 구입 조건으로 출간 제안을 받은 적이 있다. 출판사 관계자로부터 "계약 조건은 200~300부 구입은 기본이고, 400~500부가 되면 각별히 신경을 써서 출간이 진행됩니다"라는 설명을 들었다. 세 번의 반기획출판 제안이 모두 비슷한 수준이었다. 이로써 500부 정도를 저자가 소화하면 출판사도 부담이 덜하다는 계산이 나왔다. 이후 첫 책을 기획출판으로 계약하면서, 출판사에 보답하는 의미로 500부 판매를 결심하고 브런치에 뛰어들었다.

첫 책이 서점에 입고된 후, 주변에서 "류 작가님"이라고 부를 때면 어딘지 모르게 민망했다. 2쇄를 찍으면 작가라는 호칭이 자연스러울 것 같았지만 무명작가에게 2쇄는 그림의 떡이다. 고민 끝에 나름의 합리적인 목표를 정했다. 500부를 넘어 선인세를 상쇄하는 판매량을 만들어 첫 인세를 받는 날, 스스로를 작가로 인정하기로 했다. 2024년 7월, 출판사로부터 상반기 판매 현황을 전달받았다. 결과를 확인한 순간, 출간 계약을 했던 날처럼 눈앞이 잔뜩 흐려졌다. 출간 이후 넉 달 만에 목표를 달성했고, 이제는 반기마다 인세가 들어온다. 이따금 사인한 책도 선물하며, 작가라는 자부심을 갖고 생활한다. 돌이켜보면 《책쓰기부터 책출판까지》라는 책을 읽고 투고를 결심할 수 있었던 것도 500부 판매에 대한 자신이 있었기에 가능했다.

2024년 8월, 수화기 너머로 더블:엔 송현옥 편집장의 목소리를 처음 들었다. 준비된 원고도 없이 통화를 하면서 그녀에게 "저는 500부를 팔 수 있는 작가입니다"라고 당당히 말했다. 첫 책은 700권을 넘겼지만 두 번째 책은 지인들의 도움을 빼고, 여러 조건을 감안했을 때 저자로서 500권 정도 판매할 수 있다고 설명했다. 브런치에 대한 확고한 믿음이 있었고, 출간기를 연재하며 신간 홍보를 진행하는 노하우도 충분히 습득했다. 9개월간 브런치에서 읽히는 글을 쓰는 훈련을 하며 작가로서도 더 성장했다. 전작보다 판매량을 높일 자신이 있었다. 어려운 출판시장에 대한 이야기가 끝나갈 무렵, 편집장으로부터 "그럼 작가님이 500부 파시고, 제가 500부 팔면 되죠"라는 답을 들었다. 전화를 끊은 뒤, 출판계약서를 받아 서명을 남겼고 백지상태에서 원고 작성을 시작했다. 이처럼 무명작가에게 500부는 출간의 꿈을 현실로 만들기에 충분한 숫자임이 분명하다. 물론 전제는 있다. 일정 수준 이상의 원고는 당연히 필수다.

사실 필자와 더블:엔의 인연은 이번이 처음이 아니다. 첫 원고 투고 시에도 《여행해도 불행하던데요》라는 에세이를 재미있게 읽고 연락을 했었다. 늘 그렇듯 바람과는 다르게 출간으로 이어지지는 않았다. 이 책을 계약하고 나서 당시 출판사의 입장을 확인할 기회를 얻었다. 요약하면 "필력이 좋아서 받은 원고를 프린트해서 읽었다. 내용은 좋았지만 판매에 대한 자신이 서지 않았다. 홍보 여력이 있는 대형 출판사에서 출간했으면 하는 바람으로 놓아드렸다"라는 내용이다. 편집장의 말이 진심이라 믿는다. 출간 계약의 문턱까지 여러 번 갔지만 같은 사유로 계속 거절을 당했기 때문이다. 한 출판사 편집자는 원고가 너무 좋아서 책으로 꼭 출간하고 싶다고 전화가 왔었다. 다만 출판사 대표를 반드시 설득하겠다는 편집자의 의지가 끝내 현실을 이기지는 못했다. 출판시장이 어렵다 보니, 원고가

좋다고 다 책이 되는 건 아니다. 출판사 관계자들은 판매량에 생계가 걸려 있다. 출간 전에 팔릴 책인지를 고민하는 게 당연하다.

2023년 봄, 연이은 거절로 속상함으로 배를 채우던 시기에 나는 어떤 저자였을지가 궁금하다. 출판사 입장에서는 적게는 50부, 많게는 200부 정도의 지인 판매가 전부인 글 좀 쓰는 직장인 정도로 받아들여지지 않았을까 싶다. 적자가 예상되는 투자에 흔쾌히 나설 투자자가 없는 게 당연했다. 더블:엔에 첫 투고를 할 당시에 지금 정도의 인지도만 있었어도 출판계약서에 시원하게 도장을 쾅 하고 찍었으리라 예상한다. 어쩌면 난생처음 경험한 출간 미팅에서 "작가님 글은 따뜻해서 참 좋아요"라고 말해 주었지만, 계약서는 보내지 않았던 출판사 대표와 인연이 길어졌을 수도 있다. 참고로 전작은 수차례 퇴고와 더불어 홍보에 대한 강인한 의지가 추가된 이후 계약에 성공할 수 있었다.

바쁜 편집자가 비싼 잉크와 귀한 종이를 사용하면서까지 원고를 출력해서 읽을 때에는 이유가 다 있는 법이다. 원고 검토 과정에서 저자의 영향력은 큰 작용을 한다. 이후 출간에 대한 욕심이 확신으로 바뀌는 경우에만 저자에게 계약서를 보낸다.

네 자릿수 구독자는 이때 빛을 발한다. 더욱이 브런치는 무명 작가도 첫 책을 500부 이상 소화하게 만들 수 있는 강력한 플랫폼이다. 구독자를 늘리고 소통으로 영향력을 확대하면 기회가 늘어난다. 당신에게 호감을 갖고 연락한 출판사 관계자에게 당당히 이 말을 전할 수 있는 날이 오길 바란다.

저는 500부를 판매할 수 있는 작가입니다.

500부가 마중물이 되면 5만 부의 기적이 일어날 수 있다. 더 나아가 50만 부도 가능한 일이다. 그날이 오면 운이 역할을 다할 수 있도록 피나는 노력을 하며 때를 기다릴 뿐이다.

작가의 첫인상

--- ᡝᡝ

첫인상은 강조하고 또 강조해도 결코 지나치지 않다. 짧은 만남을 통해 취업이 결정되고, 애인이 생기기도 한다. 필자 역시 찰나의 순간을 놓치지 않고 의미 있는 결과로 만들어 낸 경험이 있다. 2007년 4월, 머나먼 미국 땅에서 있었던 일이다. 작고 아담한 긴 생머리 여대생을 보고 몸이 자동으로 반응을 시작했다. 두 눈이 오랜만에 아웃포커싱 기능을 활성화한다. 주변 인물들은 순식간에 뿌옇게 변하며 배경이 되고, 오직 한 여성만이 부각되며 시선을 집중시킨다. 그날의 끌림이 훗날 내게 배우자를 선물했다. 덤으로 세상에서 가장 예쁜 딸아이도 만들어 주었다.

사람 사는 게 다 비슷하다. 수많은 만남 중에서 인연을 길게 이어가고 싶은 사람이 있는 반면, 눈길을 피하고 싶어지는 사람도 있다. 거기에 더해 짧은 길을 놔두고 먼 길을 돌아가게 만드는 인물까지 있다. 물론 브런치도 예외는 아니다. 소통을 이어가고 싶은 작가가 있는 반면, 모른 척 지나갔으면 하는 부류도 있다. 이 공간이 생각보다 좁다. 친한 작가들의 경우 구독자가 많게는 90% 가까이 겹치기도 한다. 댓글을 활발히 남기다 보면 두세 달만 지나도 댓글 창에 보이는 필명 중 절반 이상이 눈에 익숙해진다. 이웃 작가의 댓글 창에서 댓글을 남긴 작가에게 안부를 묻는 경우도 허다하다. 딱히 내 영업장과 남의 영업장의 구분이 없다.

수많은 작가들 중에 유독 눈길을 끄는 인물들이 있다. 필자의 경우, 매력을 느끼면 홀린 듯 파도를 타고 작가의 브런치를 방문한다. 가장 먼저 작가소개를 확인하며 분위기를 살핀다. 글을 읽고 댓글도 남긴다. 마음이 식지 않으면 구독까지 누른다. 다른 작가들도 상황은 비슷하리라 예상한다. 결국 짧은 시간 안에 독자를 사로잡기 위해서는 '나'라는 브랜드를 어필하는 게 핵심이다. 브런치 내에서 확고한 브랜딩을 하기 위해서는 손님맞이 3종 세트가 중요하다. 프로필 사진과 필명, 작가소개가 제 역할을 다하면 적은 노력으로 최대의 효과를 얻을 수 있다.

필자는 브런치 내에서 천재작가로 꽤나 유명세를 떨쳤다. 필명을 버리고 본명으로 글을 쓰는 지금도 종종 천재작가라고 불릴 정도다. 사시사철 댓글 경연이 펼쳐지는 댓글 창에서 "우와! 브런치를 씹어 드시는 천재작가님 아니신가요?"라는 글이 남겨지기까지 했다. 처음부터 이랬던 건 아니다. 글 쓰는 방사선사라는 의미를 가진 '글방'을 필명으로 사용했을 때는 구독자 증가는커녕 방문자도 없었다. 출간을 앞둔 시점이었기에 인지도를 급히 끌어올려야 했다. 시간이 많지 않으니 무조건 튀는 게 답이었다. 자극적인 필명으로 눈길을 끈 후, 탄탄한 글로 독자를 사로잡겠다는 계획을 세우고 과감히 실행으로 옮겼다. 예상대로 천재작가라는 필명은 호불호를 떠나 모든 독자들의 뇌리에 강렬하게 꽂혔고, 글의 콘셉트와도 딱 맞아떨어졌다.

필명 글방을 버리고 천재작가로 〈무명작가 에세이 출간기〉를 남겼던 두 달 동안에 가장 많은 구독자가 늘었다. 6주 만에 네 자릿수 구독자를 달성하기까지 필명의 역할이 컸다고 본다. 인간의 호기심을 자극한 효과가 좋았다. 천재작가를 발견한 대다수의 독자들은 관심 반, 반감 반의 심정으로 작가소개를 연다. 천 번을 쓰고 지우며 재미있는 문장을 완성하는 작가라는 숨겨진 뜻을 확인하고 나면 마음이 살짝 녹는다. 이후 본문을 읽고 나서는 "이 자식 뭐야?"라는 반감이 사라지고 짠한 감정이 올라온다. 이후 작가를 응원하고 싶은 마음은 대개 구독으로 이어진다.

　브런치 작가에게 필명은 강태공이 던지는 미끼나 다름없다. 상황에 맞는 적절한 선택이 그날의 수확을 결정짓는다. 호기심을 자극하는 필명은 구독자 급등을 위한 기초 공사나 다름없다. 처음부터 강렬한 인상을 심어 주는 게 중요하다. 쉽게 잊히지 않고, 입에 착 달라붙는 다섯 글자 이내를 추천한다. 여러모로 세종대왕님이 만드신 문자를 사용하는 게 더 유리하다. 한글과 영어를 혼용하거나 대소문자를 혼합해서 사용하는 경우 기억에 잘 남지 않고, 댓글 소통에서 필명을 부를 때도 불편한 단점이 있다. 쉬운 길을 놔두고 굳이 어려운 길을 택할 이유는 없다. 더욱이 브런치 작가들은 본인 글에 라이킷을 남긴 작가들 중에서 선택하여 구독을 누를 때가 많다.

　○○○님이 라이킷했습니다.

　위 알림을 받았을 때 느낌이 좋아야 구독으로 이어진다. 브런치에서 필명은 작가의 첫인상이다. 잘 지은 필명은 작가가 경쟁에서 우위에 설 수 있도록 돕는다. 사람들은 흔히 말끔하게 차려입은 호감형 인물이 길을 물으면 멈춰 서서 친절하게 길을 알려 주지만, 지저분하고 냄새나는 사람이 물을 때면 멀리 떨어져서 대충 답하고 도망치기 바쁘다. 알아도 모른다고 답하고 피하는 경우도 발생한다. 우리는 보이는 게 중요한 세상을 살아간다. 혼자만 알 수 있는 암호보다는 타인의 시선을 고려해서 필명을 정하는 게 좋다. 참고로 한 번 등록한 필명은 정책상 한 달이 지나야 변경이 가능하다. 신중하게 고민해서 정해야 한다. 동일한 필명을 여러 사람이 동시에 사용하는 경우도 있으니, 검색란에 작가명을 입력해서 확인 후 사전에 피하는 것도 방법이다.

다시 처음으로 돌아가 보자. 지구 반대편에서 만난 박 씨 성을 가진 여성에게 "저기요, 잠깐 이야기 좀 나눌 수 있을까요?"라는 말을 꺼내지 않았다면 어땠을까? 지금 나의 신분은 '유부남'이 아니라 '총각'을 유지하고 있을 확률이 매우 높다. 세상 이치가 다 이와 비슷하다. 항상 준비된 자세로 나를 가꾸고, 기회가 왔을 때는 망설이지 않고 두드리는 게 중요하다. 늘 그렇듯 다음은 없다. 첫인상이 끝인상이 되지 않도록 유의해서 필명을 정한 뒤, 글을 발행하길 바란다. 중요한 부분이니 한 번 더 강조한다. 출간을 위해서는 확실한 정체성은 기본 중에 기본이다. 브런치를 시작하기 전에 뇌리에 꽂히는 필명부터 지어보자.

모두가 주인공인 세상

○○○님이 내 브런치를 구독합니다.

브런치 작가로서 이보다 더 반가운 알림이 있을까? 라이킷만 눌려도 기분이 좋은데 구독까지 함께 눌리면 갑자기 등에서 날개가 돋아난다. 하늘 높이 날아오를 것만 같다. 구독이 연이어 다섯 개가 울리면 상사의 질타마저 조언으로 느껴지고, 열 개가 넘어가면 진상 고객마저 단골로 보이는 착각에 빠진다. 일 년이 지난 지금도 한결같다. 수시로 전화기를 꺼내 구독자 수를 확인한다. 눈에 띄는 변화가 있으면 입꼬리가 저절로 움직이며 '솔'을 외치지 않아도 인자한 미소가 지어진다.

브런치에 첫 글을 발행하면 라이킷이 눌리고 구독자가 늘어난다. 이때가 중요하다. "역시 내 글은 힘이 있군" 하는 착각에 빠지는 순간 끝이다. 브런치를 일기장처럼 사용할 게 아니라면 찾아온 손님들을 잘 대접하는 게 도리다. 귀한 시간을 쪼개 찾아와 준 작가들은 모두 귀인이다. 이사를 하면 이웃들에게 떡을 돌리는 심정으로 찾아가서 라이킷을 누르고 댓글도 남기면서 얼굴을 알리는 게 이치에 맞다. 좋은 출발은 원만한 관계 형성에서부터 시작한다.

라이킷 알림을 클릭해서 확인하면 우측 동그라미 안에 '+'가 함께 표시되어 보인다. 대개 궁금함을 참지 못하고 손가락이 저절로 원을 클릭한다. +가 눌리면 동그라미 안에 있는 표시가 'V'로 바뀐다. 초보자 입장에서는 라이킷 알림을 확인했다는 용도로 착각하기 쉽다. 게다가 일부만 누르면 +와 V가 섞여서 보기에 안 좋다. 미적 감각을 자랑하며 +를 전부 눌러서 V로 통일한다. 필자가 그랬다. '별거 아니겠지' 라는 예상과 다르게 이는 상당히 위험한 행동이다. 호기심의 문을 여는 순간 참혹한 결과가 기다린다. 홈 화면에 나타나는 관심작가 수가 급격히 늘어난다. 구독자 수는 0인데 관심작가 수는 순식간에 10명을 넘어선다. 구독 맛집(?)이라는 소문이 퍼지면서 수십 명이 떼로 몰려온다. 라이킷이 계속 눌리고, 내 글에 관심을 가져 준 고마운 분들을 일일이 클릭하다 보면 관심작가 수는 금세 30명을 넘어간다. 하루 만에 50명을 돌파하는 경우도 흔히 볼 수 있다. 방심하는 순간, 구독자와 관심작가의 균형이 일순간에 무너진다.

브런치에서 관심작가 50명은 엄청나게 큰 숫자다. 일 년에 구독자를 50명도 모으지 못하는 작가가 부지기수다. 숫자 하나하나에 전부 신중을 기해야 한다. 타이밍도 중요하다. 소통형 작가로서 브런치를 시작할 때는 첫 글 발행이 가장 큰 기회다. 적절한 필명과 작가소개를 작성한 후 어울리는 프로필 사진도 마련해야 한다. 이때 구독자 수 증가에 속도를 높이기 위해서 한 가지 더 챙겨야 하는 게 있다. 작가소개 하단에는 '기타 이력 및 포트폴리오'를 적는 란이 있다. 공란으로 두거나 강연 섭외를 기대하며 자기 자랑을 늘어놓는 경우가 대부분이다. 꿈에서나 가능한 연락은 과감히 포기하고, 센스 있는 문장으로 활용도를 높이는 게 더 낫다. 구독자를 늘리는 용도로 사용하면 딱이다. 필자는 이렇게 적어 놓는다.

'라이킷'과 '구독'이 함께 눌리면,
흥을 참지 못하고 달려가서
'구독'을 누르는 고치기 힘든 습성이 있습니다.

찾아온 손님의 고민을 덜어주는 센스 있는 문장은 스스로 일을 지속한다. 효과가 단연 최고다. 종종 직설적으로 "맞구독 해요"라는 문장을 남겨 놓는 사례도 있는데 이는 작가의 품격과는 어울리지 않는 행위다. 효과도 미미하다. 반면 위 문장은 지금도 꾸준히 역할을 다한다. 하루도 빠짐없이 라이킷과 함께 구독이 눌린다. 공인(?)에게 약속은 생명이니, 확인하는 즉시 번개보다 빠르게 달려가서 구독을 누른다. 이처럼 내가 받은 기쁨을 함께 나눈다는 각오로 구독자를 관리하면 기대 이상의 성과는 저절로 찾아온다.

필자는 구독자가 수천 명인 지금도 라이킷이 눌리면 기분이 좋아지고, 댓글까지 남겨지면 쌓인 화도 풀린다. 구독까지 더 해지면 이승에서 잠시 천국을 맛본다. 사람 감정 다 고만고만하다. 브런치 작가들도 비슷하지 않을까 싶다. 조연으로만 살고 싶은 사람은 세상에 없다. 모두가 주인공이 되길 꿈꾼다. 그렇다면, 동료 작가들과 협력해서 구독자 수를 함께 늘려가는 게 어떨까? 기존에 조연이었던 사람이 주연이 되고, 신규 작가들이 조연의 빈자리를 채우면서 브런치가 운영될 수 있다고 본다. 시간의 차이만 있을 뿐이다. 굳이 경쟁 상대를 만들 이유가 없다. 성장을 같이하는 게 서로에게 더 낫다. 본디 모든 인간은 태어날 때부터 평등하다. 필자는 그런 세상에서 살고 싶다.

당신의 생각은 어떠한지 궁금하다.

PART 003

영향력 있는
브런치 작가입니다

작가를 완성하는 존재

인정받고 싶은 건 인간의 본능이다. 그래서인지 구독을 받기만 하는 작가들이 늘어난다. 이들은 수천 명의 구독자가 있지만 관심작가는 한두 자릿수를 유지한다. 멀리서 보면 왠지 모르게 멋있어 보인다. 한 마디로 폼이 좀 난다. 거기에 더해 관심작가 없이 구독자만 많은 작가들만 선택해서 구독하는 팔로워들도 있다. 보이는 게 중요한 세상이니 어느 정도 이해는 간다. 브런치를 취미로만 즐긴다면 막지 않겠다. 본인 시간을 투자해서 즐기는데 간섭할 이유가 없다. 다만 목적이 출간이라면 상황이 조금 다르다. 일방적인 구독만 받으며 도서 구입까지 기대하는 것은 너무 염치없는 행동이 아닌가 싶다. 그건 당신의 글이 아무리 좋아도 힘들다고 본다. 《노인과 바다》를 쓴

어니스트 헤밍웨이(Ernest Hemingway)가 부활해서 브런치에 글을 써도 어려울 수 있다. 대인 관계는 상호 신뢰가 중요하다. 정을 나누는 맞구독은 친밀한 관계 형성을 돕는다. 출간 도서 홍보는 구독으로 점수를 따고 시작해도 갈 길이 태산이다.

회사만 해도 그렇다. 무조건 일만 잘한다고 승진하는 게 아니다. 365일 24시간, 상사에게 충성을 외치는 직원들이 더 쉽게 요직을 꿰찬다. 서가도 상황은 비슷하다. 세상에 출간하는 작가는 많지만 내 주변에서 책을 내는 작가는 드물다. 이게 곧 기회다. 한국 문화 특성상 사촌의 출간 소식을 들으면 웬만하면 축하하고 책을 사서 읽는다. 내용이 좋으면 주변에도 알린다. 심지어 시키지 않아도 적극 나서서 내 일처럼 홍보하는 인물들도 꼭 있다. 이를 브런치에 적용하는 게 핵심이다. 우리 민족에게는 '이웃사촌'이라는 특별한 친족 관계가 있다. 이웃도 사촌이고, 브런치 동료도 이웃이다. 종합해 보면 브런치 작가들은 구매력 있는 이웃사촌으로 이어질 수 있는 관계다. 실제로 필자의 출간 홍보 글에는 200명이 넘는 동료 작가들이 댓글로 축하를 전하며 구매를 약속했다. 세 개 글에 남겨진 관련 댓글과 답글을 합하면 800개가 넘는다. 기대 이상의 엄청난 성과는 이웃사촌처럼 끈끈하게 맺어진 관계 덕분이라고 생각한다.

얼마 전, 이기주 작가의 브런치에서 깜짝 놀랄 만한 글을 발견했다. 2023년 한 해 동안 그가 유일하게 브런치에 남긴 글이다. 본문 마지막에는《보편의 언어》책 사진이 넌지시 등장한다. 필자의 기준에서 보면 너무나 멋지고 부러운 행동이다. 아마도 작가는 신간을 홍보하기 위해 오랜만에 글을 발행했을 가능성이 크다. 결과는 어땠을까? 브런치 독자들의 반응이 예상 외로 차갑다. 라이킷이 41개, 댓글은 0개다. 그나마 라이킷 41개 중 1개는 필자의 선물이다. 백만 부가 넘는 에세이 판매 신화를 달성한 유명 작가가 남긴 글에 대한 반응치고는 너무 빈약하다. 브런치 구독자 수도 적은 게 아니다. 9천여 명으로 최상위권에 속한다. 물론 라이킷과 댓글을 남기지 않고 책을 구입한 독자들도 있겠지만, 작가가 기대한 반응은 얻지 못했을 것이라 예상한다.

간혹 맞구독 없이 구독자를 늘리는 데만 급급한 작가들이 있다. 이들은 수시로 라이킷을 누르며 구독자 수를 높인다. 하루에 올라오는 2천여 개 글을 전부 다 누르는 열정을 보이기도 한다. 그러면서 본인의 관심작가는 0이나 1을 유지한다. 1은 기본값인 브런치스토리팀 운영진이므로 사실상 0이나 1은 의미가 같다. 이들이 신간을 홍보한다고 글을 남기면 댓글 창이 어떨까? 깊은 산속에 자리 잡은 사찰처럼 조용하다. 사실 평소에도 딱히 북적이지는 않는다. 이와는 별개로 오랜 시간 브런치를 하거나 브런치북 출판 프로젝트 수상자 명단에 오르며 자연스레 수천 명의 구독자가 쌓인 작가들도 있다. 하나 이들의 상황도 크게 다르지는 않다. 독자들의 반응이 이른 새벽 도서관처럼 조용하다. 신간 홍보 글을 남기면 주로 한 자릿수의 댓글이 남겨진다. 서평단을 모집하며 무상으로 책을 지급해야 겨우 두 자릿수로 올라간다. 이후 서점 판매지수를 확인하면 참담한 경우가 대부분이고, 중쇄 소식은 올라오지 않는다. 꾸준히 글을 써서 책으로 엮으려면 출간만큼 판매도 중요하다. 출간을 꿈꾼다면 웃어넘길 일이 아니다.

요새 작가님 글 읽는 재미에 푹 빠졌습니다.
책 주문하고 기다리는 중입니다.

2024년 10월 5일 토요일, 필자가 브런치에 쓴 〈천재작가, 수포자의 행복(feat. 출간 소식)〉이라는 글에 남겨진 댓글이다. 교보문고에 첫 책이 정식으로 등록된 2024년 2월 25일, 출간을 홍보하기 위해 브런치에 발행한 글이 지금까지 꾸준히 역할을 다하고 있다. 참고로 이번 에피소드 초고를 작성하는 시점에 울린 브런치 알림이다. 댓글을 남긴 우연한 여행자 작가는 2024년 9월 27일에 브런치 첫 글을 발행했다. 이후 일주일 동안 필자의 브런치를 수차례 방문해서, 〈무명작가 에세이 출간기〉에 남겨진 글을 쭈욱 읽으며 책까지 구입한 것이다. 작성일 기준 작가의 구독자는 5명이고, 관심작가는 12명이다. 당연히 '류귀복'은 양쪽 모두에서 1을 차지한다.

우연한 여행자 작가와 내가 맞구독이 되어 있지 않았어도 필자의 책까지 구입해서 읽는 귀한 인연이 될 수 있었을까? 나는 아니라고 생각한다. 사람 사는 게 다 정이다. 나누는 만큼 돌아온다고 본다. 아무튼, 소중한 댓글 덕분에 예상보다 빠르게 이번 에피소드 초고를 완성했다. 감사한 마음을 담아 답글을 남기고, 우연한 여행자 작가의 브런치에도 방문해서 글을 읽고 댓글을 남길 예정이다. 지금 보니 브런치에 올라온 글은 4개, 댓글은 0개다. 첫 댓글의 영광을 빼앗기지 않도록 빨리 달려가서 써야겠다. 경험해 보니, 누군가의 처음은 늘 특별하다. 적은 노력으로 큰 효과를 얻는다. 얼마나 좋은 기회인가? 필자는 이 순간을 마주할 때마다 대학 시절 성적표에서 'A+'를 발견한 것과 같은 짜릿함을 느낀다.

사람은 관계가 좋으면 몸에 좋다는 돌멩이 목걸이도 수백만 원씩 주고 구입한다. 착용 후에는 결린 목이 다 풀린다며 만족해한다. 필자의 모친이 그렇다. 팔찌를 마련한 부친도 흡족해한다. 이처럼 인간은 기분이 제일 중요하다. 글은 어떤가? 자고로 글은 읽혀야 보배다. 무명작가라면 관계의 중요성을 인지하고, 출간 이후 묻지도 따지지도 않고 책을 구입해 주는 구독자를 만드는 게 우선이다. 작가에게 중요한 건 관심작가 수가 아니다. 관심을 갖고 내 글을 읽어주는 진정한 독자의 수다. 더나아가 지갑을 열어 책까지 구매하는 독자들은 단순한 팔로워가 아니다. 작가가 팔로잉 해야 하는 고마운 존재다. 적어도 내기준에서는 그렇다. 손에 펜을 쥐기로 결심한 순간부터는 "독자가 있어야 작가가 있다"라는 사실을 꼭 기억했으면 한다. 더불어 이 책을 읽고 있는 소중한 독자들에게는 몸을 'ㄱ' 자로 만들어 감사 인사를 전한다. 꾸벅.

구독자의 허와 실

구독자가 많으면 뭐가 좋을까? 일단 작가의 자존감이 높아진다. 백 단위가 되면 어깨가 쫙 펴지고, 천 단위로 올라가면 유명인이 된 듯한 착각에 빠진다. 상시 주변을 의식하는 경지에 이른다. 밖에만 나가면 "저 사실 브런치 인기 작가예요" 하고 여기저기 떠들고 싶어진다. 어느새 배를 가득 채운 '인정 욕구'는 휘파람을 불며 만족감을 표시하고, 힘없이 구석에서 홀로 슬퍼하던 '의욕'은 젖 먹던 힘까지 끌어올리며 꾸준한 글쓰기를 독려한다. 물론 유의할 점도 있다. 단순히 숫자에만 집착해서 본분을 잊으면, 출간에는 도움이 될 수 있으나 이후 홍보 효과는 기대할 수 없다. 책이 독자를 만나지 못하고 창고를 지키면 작가의 자존감은 금세 바닥을 친다. 홀로 짐을 챙겨 멀리 떠난 뒤 돌아올 생각을 않는다. 끔찍한 상황에 대비하기 위해서는 구독자 구성에 미리미리 신경을 써야 한다.

"지피지기 백전불태(知彼知己 百戰不殆)"라는 손자의 가르침은 브런치에서도 적용이 가능하다. 구독자 급등을 노리기 위해서는 구독자의 특성을 파악하는 게 우선이다. 브런치 구독자는 크게 '브런치 작가'와 '카카오톡 사용자'로 나뉜다. 전자는 필명을 클릭했을 때 해당 작가의 브런치로 연결이 되고, 후자는 한 줄 프로필만 나타난다. 둘의 가장 큰 차이는 글 발행 권한이다. 오직 브런치 작가만 글을 써서 발행할 수 있다. 이 부분이 중요하다. 구독자 모집 시 브런치 작가들은 인력으로 늘리는 게 가능하나, 일반인 유저는 운이 따라야 한다. 다른 작가가 작성한 글에 라이킷을 누르며 나를 알리는 방법이 없기 때문에 작성한 글이 메인에 노출되는 천운이 필요하다. 이와 같은 특성을 고려해서 초급자들은 노력이 운으로 이어지길 기대하며, 브런치 작가들에게 집중하길 추천한다.

목표가 출간이라면 단순히 글이 좋아서 구독을 누르는 건 매우 위험한 행동이다. 하나둘씩 쌓이다 보면 감당하기 버거운 짐이 된다. 맞구독 가능성이 없어 보이지만 자주 찾고 싶은 작가가 있다면 필명을 따로 기록해 두고 수시로 찾는 방법을 권

한다. 백수가 아닌 이상 하루에 주어진 시간은 한정적이다. 내게 도움이 되는 사람들과 관계를 맺어가기에도 하루가 부족하다. 브런치 활동을 한 달만 활발히 해도 구독자가 수십 명은 기본이다. 백 단위로 올라가는 경우도 흔하다. 고로, 처음에는 맞구독 가능성이 높은 작가 위주로 소통을 시작하는 게 여러모로 더 낫다. 제발 의심하지 말고 믿고 행하길 바란다. 훗날 필자에게 고마움을 전하고 싶다는 생각이 드리라 확신한다.

2024년 사측의 공식 발표에 따르면 브런치 작가는 7만여 명에 이른다. 엄청 많은 것 같지만 이는 유령 회원이 포함된 수치다. 현재는 활동하지 않거나 아주 가끔 앱에 접속하는 작가들의 수도 상당하다. 필자만 해도 친하게 지내던 작가들이 잠수복을 챙겨 입고 물속으로 들어가는 것을 자주 목격한다. 폐활량이 좋은지 일단 잠수를 하면 쉽게 밖으로 나오지 않는다. 이처럼 구독자가 늘면서 자연스레 허수도 함께 늘어나니 미리부터 겁먹을 필요가 없다. 필자는 〈무명작가 에세이 출간기〉를 연재한 초기 6개월간 오직 브런치 작가들 위주로 관계를 맺었다. 덕분에 구독자의 대부분이 브런치 작가들이었다. 이후 〈인티제의 사랑법〉이 메인에 노출되는 시점부터는 브런치 작가의 구독 비율이 9할 정도로 내려왔다. 이따금 파도를 타고 자연스레 유입되는 일반인 구독자의 비율이 생각보다 낮다.

플랫폼 특성상 일반인 구독자 모집은 난도가 꽤 높다. 의지와 노력이 있어도 딱히 방법이 없다. 작가 활동을 하지 않으니 맞구독도 의미가 없다. 이들은 팔로워 역할에 충실하며 구독자의 숫자를 높인다. 라이킷도 잘 누르지 않고, 댓글은 가뭄에 콩나듯 남긴다. 실제로 얼마큼의 활동을 하는지는 베일에 싸여 있다. 추측건대 브런치 작가를 구독자로 두는 것보다 큰 역할은 하지 않는다고 본다. 굳이 시작 단계에서는 신경을 쓸 이유가 없다. 브런치 작가 위주로 맞구독을 하며 일반인 구독자는 보너스 개념으로 생각하는 게 적당할 듯싶다. 후광효과를 감안하면 보이는 숫자는 높으면 높을수록 좋다. 게다가 구독자를 의식하며 글을 쓰면 실력 향상에도 도움이 된다. 즉각적인 독자의 반응이 작가를 성장시키기 때문이다. 출판사에 출간 제안을 할 때도 구독자 수는 다다익선이다. 단언컨대 높은 숫자를 마다할 출판인은 없다.

이쯤에서 희망 가득한 소식을 전한다. 소통형 작가들은 대부분 구독에 인색하지 않다. 상대방이 호감형이라는 전제하에 라이킷과 댓글이 달리고 구독이 눌리면 흔쾌히 맞구독으로 이어진다. 필명과 작가소개, 브런치를 구성한 글이 중요한 이유다. 그럼에도 작가의 구독자가 50명이고, 관심작가가 300명이면 맞구독의 확률이 급격히 낮아진다. 비슷한 수준의 사람들과 어울리길 선호하는 인간의 습성 때문이다. 빠른 성장을 위해서는 구독자와 관심작가의 비율을 적절히 유지하며 숫자를 높이는 게 필요하다. 가족과 지인들을 총동원해서 틈틈이 구독자 수를 올리는 것도 괜찮은 방법이다. 카카오톡으로 브런치 링크를 보내면, 앱 다운로드 없이 카카오톡 로그인만으로도 구독이 가능하다. 앱을 설치하지 않았으니 알림이 가지도 않는다. 구독을 누른다고 해서 불편할 게 없다. 때로는 응원하기로 응원금을 남기는 지인들도 있으니 적극 나서서 모집하는 것을 추천한다. 귀한 인연이 남겨 준 통 큰 응원은 신규 작가가 첫 글부터 메인에 오르는 기적도 만든다. 인맥은 브런치에서도 힘이 세다.

구독자를 하루에 세 명씩 일 년을 모으면 천 명이다. 목표가 하루에 열 명으로 늘어나면 일 년이면 3천 명이 훨씬 넘는다. 필자의 경우, 처음 세 달 동안은 일 평균 20여 명이 구독을 눌렀다. 이후에는 하루에 5~10명 정도가 늘었다. 이 정도면 증가율이 브런치 내 상위 0.1%에 속한다. 어렵긴 하지만 누구나 충분히 달성 가능한 수치다. 이어지는 에피소드에서는 '페이스메이커'를 활용한 구독자 모집에 대해서 설명할 예정이다. 정확히 이해해서 적용하면 초급자도 구독자 급등을 기대할 수 있다. 이 부분은 팥빙수에 들어가는 팥만큼이나 중요한 역할을 담당하니 꼭 집중해서 읽기를 바란다.

"작가님, 구독자 모집 비법 좀 알려주세요"

필자는 댓글을 통해 구독자 모집 비법을 전수해 달라는 요청을 수시로 받는다. 관련 내용으로 브런치에 연재했으면 아이유 콘서트 수준의 인기를 끌었겠지만, 큰 그림을 그리며 긴 시간을 꾹 참았다. 드디어 천기를 누설할 때가 왔다. 책을 구입한 독자들이 이번 챕터만 확실히 이해해도 책값은 다했다고 본다. 혼자만 간직해 온 영업비밀을 아낌없이 공개할 예정이다. 내용을 제대로 이해하고 하루 30분씩만 매일 투자하면 일 년 안에 구독자 천 명은 너끈히 모을 수 있다. 하루 한 시간가량 글을 읽고 댓글까지 남기면 2천 명도 가능하다. 더 나아가 하루 두 시간씩 일 년이면 필자가 세운 기록을 뛰어넘을 수도 있다. 물론 이 모든 건 당신이 호감형으로 브런치를 관리할 때 이야기다.

예쁘게 단장하고 소개팅에 나가는 건 기본 중에 기본이니 더 이상 언급하지 않겠다. 특별한 날에는 마음이 아무리 급해도 잠시 멈춰 서서 거울은 꼭 보고 나가자. 매너는 언제나 주인을 지킨다.

인간은 늘 본능에 충실하다. 엄청난 속도로 구독자를 늘려나가는 작가들을 보면 부러움을 느끼거나 시기와 질투심이 샘솟는다. 필자는 어떨까? 자연스레 입가에 미소가 번진다. 입꼬리가 귀고리 대신 귀에 걸리고 싶어서 발을 동동거리며 눈치를 살핀다. 한동안 조용하던 '설렘'도 흥분한 채로 달려와 "작가야, 귀인을 또 찾았어!" 하고 소리친다. 구독자 모집을 위한 엄청난 수고를 덜어주니 가히 귀인이라 불릴 만하다. 브런치에는 시기별로 구독자 모집에 사활을 거는 작가들이 꼭 나타난다. 이들은 매일 새롭게 올라오는 수천 개 글에 전부 라이킷을 누르거나, 수백 명을 넘어 수천 명의 작가를 관심작가로 추가하는 방식을 사용한다. 다방면으로 노력하며 구독자 모집을 위해 온 정성을 쏟는다. 주로 출간 직전에 이러한 행동을 시작한다. 필자는 이들을 '페이스메이커'라 부른다.

페이스메이커들은 숨어 있는 유망주(?)를 귀신같이 찾아내는 능력이 있다. 각자의 노하우를 활용해서 매일 새로운 인물을 발굴하고, 시간이 지나면서 자연스레 상호 공유가 되는 형식을 따른다. 군집 활동을 즐기기 때문에 한 명만 찾으면 금세 십여 명의 존재가 드러난다. 하루에 한 번씩 순찰하듯 귀인들의 브런치를 찾는 게 몸에 배어야 한다. 이들로부터 새로운 작가들을 찾아 구독자 수를 높이는 게 가장 수월한 방법이기 때문이다. 브런치의 경우, 구독자 정렬은 가나다순이 아니고 구독 순이다. 자연스레 신규 작가들이 제일 위에 포진한다. 구독에 호의적인 타이밍을 노리는 게 포인트다. 이들에게 방문해서 라이킷을 누르면 구독으로 이어지는 가능성이 꽤 높다. 열 명에게 시도하면 최소 한두 명이 구독을 누른다. 댓글까지 남기면 서너 명이 구독을 누르고, 구독까지 누르면 절반 이상이 구독으로 보답한다. 노력 대비 성과가 가장 뛰어난 시기다. 예상하고 있겠지만 댓글은 연애편지 수준으로 정성스럽게 작성해야 한다. 호감과 함께 '호기심'을 남겨야 구독으로 이어질 가능성이 더 높아진다. 댓글 관련 부분은 후에 집중해서 다룰 예정이니 이쯤에서 끊는다.

페이스메이커는 구독자와 마찬가지로 다다익선이다. 보통 5~10명 정도가 왕성하게 활동을 한다. 소수이기 때문에 많이 알면 알수록 더 좋다. 한 명씩 발견할 때마다 마음속으로 "심봤다"를 외치고 신에게 감사하길 바란다. 다행히 7만여 명 작가

중에 꼭꼭 숨어 있는 귀인들을 찾는 방법이 있다. 브런치 메인 하단에 있는 '구독자 급등 작가'란이 엄청난 힌트를 제공한다. 프로필이 뜬 넷 중 한 명은 페이스메이커일 확률이 높다. 사진을 클릭해서 구독자 리스트를 살피면 정체를 확인할 수 있다. 신규 구독자가 브런치 작가 위주인 경우 귀인일 가능성이 높고, 일반 구독자 위주이면 Daum 노출에 의한 일시적인 현상이거나 지인들이 줄줄이 구독을 누른 경우가 대부분이다.

정리하면, 구독자 급등 작가들을 주기적으로 확인하며 페이스메이커의 명단을 확보하는 게 빠른 구독자 모집의 핵심이다. 다만 이 방식에는 구독자의 숫자만 높아지는 단점이 있다. 누누이 강조하지만, 허수는 적절한 비율을 유지해야 한다. 힘들더라도 부지런히 소통을 병행하는 노력이 필요하다. 다른 작가를 방문해서 라이킷만 누르기보다는 댓글까지 남기는 습관을 들이는 게 바람직하다. 구독자와 관심작가 비율이 얼추 비슷하거나 구독자 수 대비 관심작가 수가 월등히 높은, 맞구독에 유연한 작가에게는 먼저 구독까지 누르는 대범함을 보이면 더 좋다. 참고로 브런치는 반나절 동안 구독자가 열 명 이상만 늘어도 구독자 급등 작가에 오르는 경우가 많다. 그만큼 증가폭이 적다.

이해가 부족한 독자들을 위해 예시도 하나 준비했다. 구독자가 0명인 신규 작가가 새 글을 남겼을 때 필자가 구독을 누르고 맞구독으로 이어지면 어떤 일이 벌어질까? 한 자릿수를 유지하던 라이킷이 얼마 지나지 않아 두 자릿수로 올라간다. 알림이 바쁘게 움직이며 작성자에게 "○○○님이 라이킷했습니다" 하고 반가운 소식을 계속 전한다. 구독자 수도 금세 두 자릿수로 오른다. 이유는 명확하다. 쉽고 빠르게 구독자를 얻고 싶은 행렬이 소문을 듣고 필자의 뒤를 따른 것이다. 그렇다. 필자 역시 페이스메이커다. 일 년간 쌓은 노하우가 많다. 여기에는 책에 담기 어려운 촉이라는 능력도 포함한다. 다행히 초급자가 감각의 영역까지 욕심부릴 필요는 없다. 능력 있는 두세 명만 잘 따라도 원하는 만큼의 발전을 이룩할 수 있다. 그것도 귀찮으면 필자의 뒤만 계속 따라라. 단언컨대, 브런치 구독자를 모으는 데 이보다 더 빠른 방법은 없다.

폭풍 성장을 위해서는 때도 잘 만나야 한다. 구독자 모집에도 성수기와 비수기가 있다. 브런치북 출판 프로젝트가 한창인 가을이 최고 성수기다. 출간작가의 꿈을 꾸고 브런치를 시작하는 신규 작가 유입도 많고, 기존 작가들의 활동도 왕성하다. 선선한 바람이 불어올 때가 브런치 몸집을 불리기에는 최적의 시기라고 할 수 있다. 눈이 내리고 수상자 발표가 끝나면, 여름까지 비수기가 길게 이어진다. 이때는 가을에 비해 두 배 이상 많은 노력을 쏟아도 만족스러운 결과를 얻기가 힘들다. 벼락치기는 브런치에서도 높은 확률로 좋은 기회를 만들어낸다. 적절히 이용하길 바란다.

본인의 시간을 투자해서 블루오션을 창출해 내는 페이스메이커들은 브런치 작가들에게는 영웅이나 마찬가지다. 방문한 김에 라이킷을 누르면서 고마움을 표현하는 게 좋다. 이따금 댓글을 남기고, 구독까지 누르면 더 고맙다. 영웅들이 신이 나야 더 열심히 일을 하고, 성과는 여러분들과 나누어 갖는다. 빠른 구독자 모집을 원한다면 열심히 그들의 뒤를 따르며 열렬히 응원을 보내자. 미안해할 이유는 없다. 브런치 시장이 커질수록 작가들의 기회는 더 늘어난다. 결과적으로는 서로에게 윈윈이다. 더욱이 동료 작가는 우리의 적이 아니다. 서로 뜻을 함께하는 동지나 마찬가지다. 힘을 모아 브런치를 뜨겁게 달궈서 시장을 키우는 게 바람직한 선택이다. 브런치 작가가 되었다면, 꼭꼭 숨어 있는 귀인부터 찾아보자.

라이킷은 가볍게,
댓글은 즐겁게

작가들은 유독 자기주장이 강하다. 두세 명만 모여도 '갑론을박'이 출동을 준비한다. SNS는 정도가 더 심하다. 브런치도 예외는 아니다. 잊을 만하면 문제의 글이 올라온다. 읽지도 않은 글에 라이킷을 누르는 게 옳은지 그른지를 따진다. 이 부분은 브런치 이용 규정에 나와 있지 않다. 자유의 영역이 분명하다. 왜 굳이 답을 바꾸려고 기를 쓰는지 의문이다. 모든 플랫폼은 사용자 중심으로 시스템을 만든다. 브런치는 본문 상단부터 하단까지 모든 위치에서 라이킷을 누르는 게 가능하다. 그렇다면, 각자의 상황에 맞게 라이킷을 적극적으로 활용하는 게 정답에 더 가깝다.

브런치에서 라이킷과 댓글은 생각보다 많은 역할을 한다. 메이크업의 효과와 비슷하다. 적절히 사용하면 실제보다 훨씬 좋게 보이는 착시(?)를 만들어 낸다. 숫자가 높아지면 독자들의 관심도가 올라가고, 구독자 증가에도 영향을 미친다. 맛집에 줄이 길게 서 있으면 손님이 더 느는 것과 같은 이치다. 댓글에 인색한 브런치 특성상 두 자릿수 댓글만 남겨져도 쉽게 눈길을 끈다. 세 자릿수로 올라가면 주변의 이목을 집중시킨다. 참고로 댓글 수는 답글 수를 포함한다. 이를 잘 활용하면 숫자 급등을 기대할 수 있다. 간혹 쿵작이 잘 맞아 답글에 답글이 쭉 이어지는 작가들이 등장한다. 이들이 바로 귀인이다. 일인 다역을 소화하며 숫자를 티 나게 높여준다. 가족처럼 소중하게 대하면 훗날 큰 복이 온다.

인생은 타이밍도 중요하다. 필자는 글을 발행한 날에는 직원식당을 포기한다. 단팥빵 하나를 입에 물고 점심 내내 손가락을 부지런히 움직이며 답글을 단다. 이렇게 하면 숫자 35가 70으로 바뀌는 마법이 일어난다. 인기가 좋은 글은 퇴근 전에 댓글이 세 자릿수까지 올라가기도 한다. 경험상 브런치는 댓글이 댓글을 부른다. 이례적인 높은 숫자를 확인한 나그네들은 순간 멈칫한다. 라이킷만 누르고 가려다가 "이 집은 뭐길래 이렇게 북적이는 거지?"라는 궁금증이 생기며 허겁지겁 글을 읽는다.

특별할 게 없는데 왠지 모르게 특별해 보인다. 무언의 힘에 이끌려 구독까지 누른다. 어마 무시한 후광효과 때문이다. 사실 브런치 작가들이 쓴 글은 웬만하면 다 잘 읽힌다. 읽게 만드는 게 어려울 뿐이다. 고로, 한 개인이 수만 명 작가들과의 경쟁에서 우위를 차지하기 위해서는 구독으로 이어질 만한 강력한 무기가 필요하다. 이런 면에서는 댓글이 단연 최고다. 작가의 매력이 플러스 요인을 만나면 구독자의 앞자리 숫자가 바뀐다.

일주일에 글을 한 편만 발행하는 작가의 경우, 답글로 바쁜 첫날을 보내고 나면 6일이 남는다. 푹 자고 일어나 '고생했으니 이틀만 쉬어야겠다'라는 생각을 하는 순간, 지난 노력은 물거품이 된다. 오랜만에 찾아온 기회가 "그동안 고마웠어. 다음에 또 보자"라는 인사를 남기고 훌쩍 떠난다. 이후에는 원하는 바를 꿈속에서만 이룰 수 있다. 잠만 자고 살 수는 없는 노릇이다. 예견된 참사를 예방하기 위해서는 정신을 바짝 차리고 다음 순서를 준비해야 한다. 이때가 바로 라이킷을 사용할 타이밍이다. 브런치에서 라이킷은 작가에 대한 응원과 초대장의 역할을 동시에 담당한다. 부지런히 마실을 다니면서 "제 브런치로 소중한 당신을 모시고 싶습니다"라는 초대장을 전달하고, 기존 독자에게는 감사 인사를 전하는 게 필요하다.

이쯤에서 궁금해진다. 브런치 작가에게는 라이킷과 댓글 중에서 어떤 게 더 중요할까? 답은 시기에 따라 다르다. 라이킷은 제목을 클릭해서 본문에 들어가야만 숫자가 확인되고, 댓글 수는 첫 화면에서부터 제목과 함께 보인다. 추가로 라이킷은 숫자만 나타나고, 누른 이의 정체는 오직 작성자만 확인이 가능하다는 차이점도 있다. 반면 댓글은 필명이 남는다. 모두에게 보인다. 존재감을 드러내는 센스 있는 댓글을 적어 놓으면, 다른 작가들이 파도를 타고 넘어오기도 한다. 여러 군데 심어 놓을수록 효과가 더 좋은 구조다. 게다가 댓글 교류는 서너 번만 누적돼도 구독은 기본이고, 끈끈한 관계로 이어진다. 이게 다가 아니다. 시너지 효과도 일으킨다. 다른 작가의 댓글 창에서 '나'라는 존재를 계속 부각시키며 홍보에 보탬을 준다. 이러한 특성을 고려하면, 브런치 입문자는 댓글에 집중하는 게 여러모로 더 유리하다. 라이킷은 그다음이다.

필자가 발행한 글은 한 편당 400~1,100개 수준의 라이킷이 눌린다. 전체 브런치 작가들 중에서 세 손가락 안에 든다고 자부한다. 그럼에도 숫자가 하나씩 오를 때마다 입꼬리가 계속 올라간다. 정성껏 읽어주면 감동이겠지만, 라이킷만 누르고 가도 충분히 고맙다. 한번 높아진 숫자와 따스한 마음은 평생 지워지지 않는다. 이로 인한 후광효과는 빠른 성장에도 기여한다. 나쁠 게 없다. 필자는 받은 기쁨을 함께 나누고자 상시 노력한다. 짬이 날 때마다 이웃을 방문해서 라이킷을 누른다. 글이 끌리면 제발 읽지 말라고 해도 집중해서 읽고, 관심이 생기지 않으면 읽지 않고 누르기도 한다. 속독으로 빠르게 훑고 지나가는 경우도 많다. 구독해 주는 작가를 배려하는 차원에서 최대한 많은 라이킷을 클릭한다.

가끔가다 좋은 마음으로 나눔의 미학을 실천하기 위해 라이킷을 누르고 댓글을 남겨도 반응이 없는 사람들이 있다. 한국인은 맞는데 한국인의 정이 없다. 라이킷이나 댓글을 수차례 받아도 쿨하게 넘긴다. 받기만 하고 나눌 줄을 모른다. 나의 소중한 라이킷이 초대장이 아닌 스팸으로 취급받는 기분이 든다. 속상함이 하늘을 찌른다. 그렇다면, 나를 실망시킨 작가들은 비난을 받아야 마땅할까? 아니다. 이 또한 규정에 나와 있지 않다. 다만, 출간까지는 갈 길이 멀다. 귀한 시간을 쪼개어 이들과 어울릴 필요는 없다. 서로 주고받는 기쁨을 누리며 함께 성장할 수 있는 작가들과 소통하기에도 시간이 부족하다.

단기간 내 폭풍 성장을 기대한다면 초기 집중 투자는 피할 수 없는 선택이다. 시간이 날 때마다 가벼운 마음으로 라이킷을 누르고, 즐겁게 댓글을 남겨보자. 브런치에서 라이킷만큼

가성비 좋은 투자도 없다. 한 번 누르는데 3초면 충분하다. 간혹 넘치는 호기심으로 인해 "이 사람이 내 글을 끝까지 읽고 라이킷을 눌렀을까?"라는 의구심을 품는 사람들이 있다. 불필요한 고민이다. 힘들게 찾아와 라이킷을 눌러준 정성에 감사하는 게 우선이다. 진심을 다해 꾸준히 소통에 힘쓰다 보면 즐거움과 성장, 두 마리 토끼를 전부 다 잡는 날이 반드시 온다. 살아보니 느낀다. 사람 사는 게 다 '정(情)'이다.

가성비와 가심비

_____
_____
_____
_____
_____ ✐

"작가님의 하루는 48시간인가요?"

동료 작가들에게 자주 받는 질문이다. 댓글 창에서 필명이 워낙 자주 보이니 하는 소리다. 굳이 계산하자면 나의 하루는 19.2시간이다. 지병인 '강직성 척추염' 때문에 한 달에 6일 정도는 일에 집중하지 못한다. 진통제를 복용하며 끙끙 앓는다. 그럼에도 이런 오해를 산다. 이유는 딱 하나다. 다른 사람들이 글에 집중할 때 홀로 소통에 집중하기 때문이다. 대부분의 작가들은 글이 '주'고 소통이 '부'지만, 필자는 반대다. 소통이 주고 글이 부다.

브런치의 소통왕을 꿈꾸며 부지런히 마실을 다니다 보니, 가수 선미의 노래가 수시로 떠오른다. 24시간이 모자란다. 특히나 댓글 하나를 남기기 위해서는 꽤 많은 정성이 들어간다. 짧게는 2분, 길게는 10분의 시간이 필요하다. 바쁜 와중에도 글을 열심히 읽고 흔적을 남기는 이유가 무엇일까? 크게 두 가지로 나뉜다. 글이 끌어당기거나 사람이 좋아서다. 전자와 후자는 헷갈릴 때가 많다. 게다가 작성자의 필명은 매번 편파 판정으로 이어진다. 친한 작가의 글은 없는 의미도 만들어서 부여해가며 읽는다. 초반부에는 좋은 글이 우선이어서 반응 없는 작가에게 다가가 구독을 누르고 댓글까지 남기기도 했지만, 이제는 아니다. 사람 좋은 작가들을 방문하기에도 시간이 늘 부족하다. 댓글을 남기면 댓글로 보답하는 작가들에게 애정이 더 간다. 더 나아가 내 책에 대한 서평을 남기고 주변에 홍보까지 해주는 작가들은 피만 섞이지 않았지 가족이나 마찬가지다. 시간이 날 때면 자연스레 발걸음이 이들에게 먼저 향한다.

필자는 습관적으로 라이킷을 먼저 누른 후 글을 살핀다. 제목에서부터 확 끌어당기는 게 있으면 첫 문장을 읽는다. 이후 스크롤바를 끝까지 내릴지를 고민한다. 주로 3초 안에 결정이 난다. 갈 곳이 많으니 후다닥 떠나기도 하고, 좋은 글을 만나면 아무리 바빠도 마지막 문장에 찍힌 마침표를 기필코 확인한다. 캡처라는 유용한 기능이 있기에 시간을 내어서라도 꼭 읽는다. 단, 인연이 깊은 VIP 독자들은 예외다. 글을 전부 읽고 난 후,

라이킷을 누를지 여부를 고민한다. 댓글을 남길 준비가 되었을 때 라이킷을 누른다. 그렇지 않으면 나중에 다시 방문해서 글을 또 읽는다. 쓸만한 댓글이 떠오르면 그제야 라이킷을 누르고 댓글을 남긴다. 이렇게까지 정성을 쏟는 이유는 명확하다. 이들은 단순한 구독자가 아니기 때문이다. 굳이 분류하자면 내게는 소중한 동반자에 더 가깝다.

　브런치를 단순히 취미로만 즐기는 사람이라면 마음 가는 대로 댓글을 이용해도 괜찮다. 그게 아니라면 댓글에 정성스러운 답글을 남기는 작가 또는 이제 막 브런치를 시작하는 작가들을 위주로 소통하길 권한다. 다행히 모범이 될 만한 사례가 있다. 일부 작가들은 댓글을 확인하는 즉시 부리나케 작성자의 브런치로 달려간다. 이들은 글을 읽고 라이킷을 누른 뒤, 친절하게 댓글까지 작성한 후에야 돌아와서 답글을 남긴다. 열정이 가히 올림픽 금메달 감이다. 이런 식으로 브런치를 운영하면 그룹 테슬라처럼 초고속 성장을 기대할 수 있다. 댓글 수 상위 1% 작가도 노려볼 만하다. 두세 달만 열심히 하면 평균 댓글이 수십 개로 늘어난다. 바지런히 다니며 선 댓글까지 남기면 세 자릿수 댓글도 바라볼 수 있다. 다만, 이 방식을 택한 경우에는 상당히 많은 노동력과 시간이 필요하다. 수고는 감안해야 한다.

댓글 작성 시에도 유의할 점이 있다. "작가님 글이 너무 좋아요. 여운이 KTX 열차보다 기네요. 감탄했습니다. 제 브런치에도 한번 놀러 와 주세요"와 같은 복붙 멘트는 최악이다. 안 하느니만 못하다. 이와 마찬가지로 억지로 남기는 글도 위험하다. 티가 확 난다. 내 글에 매번 발자국을 남겨 주는 귀한 이웃을 만나면 은혜를 갚기 위해 브런치를 방문한다. 호기롭게 라이킷을 누르고 열심히 글을 읽어도 댓글의 영감이 떠오르지 않을 때가 있다. 머리를 쥐어뜯으며 꾸역꾸역 댓글을 남기다가 어색함을 넘어 민망함을 느낀 적이 있다. 아니나 다를까 남겨진 작성자의 답글마저 부끄러움을 더한다. 반면, 제목부터 마음이 다급해지는 글도 있다. 첫 문단을 읽자마자 톡톡 튀는 문장들이 머릿속을 가득 채운다. 엄청난 속도로 본문을 읽고 준비한 댓글을 다다다다 남긴다. 이런 글은 작성자의 반응도 확실하다. 남겨진 답글에서 만족감이 잔뜩 느껴진다. 스마트폰 화면으로 활짝 웃고 있는 작가의 미소가 보일 정도다. 잠시 후, 잘 쓴 댓글 하나가 구독자 한 명을 추가한다. 수차례 시행착오를 겪고 난 뒤, 이제는 마음이 움직이는 글에만 댓글을 남긴다. 브런치 작가는 시간이 부족하지 읽어야 할 글이 없는 게 아니다. 첫눈에 확 끌리는 글도 차고 넘친다. 자고로 모든 일은 즐겁게 하는 게 최고다.

예로부터 '성공'은 '성실'이라는 친구를 유독 아낀다. 필자는 성공과 친해지기 위해 매일 세 시간씩 꾸준히 읽고 쓴다. 아침, 점심, 저녁으로 나누어 하루 세 번 브런치에 접속한다. 단축 근무는 있어도 휴일은 없다. 이따금 주말이나 공휴일에는 연장 근무도 자청한다. 세상사 다 그렇듯 어려움 가운데 희망도 있다. 코로나19 이후 생긴 직원 식당 칸막이의 덕을 톡톡히 본다. 아침과 점심 식사 시에는 라이킷을 누르며 틈틈이 댓글을 남긴다. 그 외 자투리 시간을 활용해서 책을 읽고 글을 쓴다. 당일 컨디션에 따라 비중을 달리하면 지루하지 않게 지속 가능하다. 글만 쓰는 날도 있고, 소통만 하는 날도 있다. 어느새 작가와 독자를 끊임없이 병행하는 하루 세 시간 루틴에 적응한 지도 일 년이 지났다. 다행히 노력이 성과로 하나둘씩 나타난다. 책이 팔렸고, 새 책이 생겼고, 구독자가 5천 명 넘게 늘었다. 역시나 꾸준함과 우직함은 절대로 주인을 실망시키지 않는다.

여기까지 읽은 독자들은 성공과 친해질 준비가 되었다고 확신한다. 꼭꼭 감춰두었던 90% 확률로 구독자를 만드는 팁을 알려주면 적절히 사용하리라 믿는다. 이 접근법은 필자의 경험이 만들어 낸 노하우다. 형광펜을 준비하고 집중해서 읽기를 바란다. 우선 구독자와 관심작가의 비율이 엇비슷한 작가를 찾아야 한다. 양측에 동일한 필명이 많을수록 더 유리하고, 최근 1주

이내 발행한 글이 있어야 한다. 글을 너무 자주 발행하는 작가는 훗날 부담으로 작용할 수 있으니 신중한 접근이 필요하다. 글의 분량도 고려 대상이다. 너무 길어도 문제다. 읽기가 힘들다. 찾을 자신이 없으면 필자의 구독자 중에서 선별하는 것도 방법이다.

핵심은 간단하다. 브런치 작가들의 경우, 둘에 하나는 라이킷을 누르고 댓글을 남기면 라이킷을 보답하러 온다. 그러면 다시 방문해서 다른 글에 라이킷과 함께 댓글을 하나 더 남긴다. 두 개면 더 좋다. 이후 시원하게 구독을 누르고 기다리는 게 끝이다. 혹시나 원하는 반응이 없으면 같은 과정을 한 번 더 반복하면 된다. 이 단계에서는 구독자 수가 적은 작가에게 적극적으로 다가가는 게 부담이 적다. 돈독한 관계로 이어지기가 쉽고 함께 성장하는 기쁨도 누릴 수 있다. 구독자가 만 명이 넘는 작가라고 해서 구독자 수가 3이나 4로 느는 게 아니다. 모두에게 똑같이 1이다. 굳이 쉬운 길을 놔두고 어려운 길을 택할 이유가 없다. 필자는 지금도 초기부터 성장을 같이 해온 작가들에게 깊은 정을 느낀다. 필명만 봐도 반가움에 입꼬리가 귀를 향해 급히 달려간다.

누구에게나 하루는 똑같이 24시간이다. 어떻게 사용하는지는 오로지 주인의 몫이다. 부지런히 다니며 진심 어린 댓글을 남기는 습관을 만들어 보자. 브런치 최고의 가성비가 라이킷이라면 최고의 가심비는 댓글이다. 두 가지만 잘 활용해도 슬기로운 브런치생활을 영위할 수 있다. 가족처럼 나를 응원해 주는 독자가 쑥쑥 늘어난다. 물론 사람과 사람이 이어지는 게 쉬운 일은 아니다. 낯선 이에게 다가가는 게 부끄럽고 어색하다. 그러나 어쩌겠는가. 인맥이 곧 재산인 세상이다. 민망함은 잠깐이지만 책은 평생 간다는 사실을 명심하자. 저자가 무덤에 들어가도 책은 도서관을 지킨다. 덤으로 사후 70년을 보장하는 저작권도 있다.

서로를 응원하며 성장을 같이 할 멋진 동반자를 늘리고 싶다면, 라이킷과 댓글을 적극 활용해 보자. 단언컨대 먼저 손을 내미는 횟수가 늘어날수록 출간은 더 가까워진다. 혹시나 용기가 부족해서 실습이 필요한 상황이 오거든 언제든지 필자의 브런치를 찾아라. 해맑은 이모티콘으로 반갑게 맞이한 뒤, 기쁜 마음으로 구독을 누르며 응원하겠다.

댓글 장인

브런치에 〈누군가의 첫 번째 관심작가가 되었다〉라는 글이 올라왔다. 관심작가 리스트 제일 하단에 본인이 있음을 발견하고, 누군가의 처음이 된 기쁨을 기록으로 남기고자 작성한 글이다. 필자는 이처럼 공감하기 쉬운 일상 이야기에 댓글 남기기를 즐긴다. 긴 고민 없이 문장이 스르륵 써지기 때문이다. 글을 읽자마자 손가락이 저절로 움직이며, "엄청난 짜릿함이죠. 축하드립니다. 앞으로 더 많은 경험 하시길 응원하겠습니다"라는 댓글을 남겼다. 잠시 후 "류 작가님은 많이 경험해 보셨지요? 아는 자의 여유가 느껴집니다"라는 답글을 받았다. 순간 머릿속이 복잡해진다. 작성자가 의도한 질문에 대한 답은 명확하다. 그녀의 예상이 맞다. 첫 번째 관심작가가 필자인 경우는 두 자릿수가 넘는다. 더 나아가 오직 필자 한 명만 구독하는 독자도 두 자릿수를 넘긴다. 이러한 사실을 있는 그대로 전하는 대신, 아래와 같은 글을 남겼다.

저는 사실 반대의 경우를 더 즐긴답니다.
0을 보면 1로 만드는 습관이 있거든요.

주인공인 홍디 작가는 필자가 처음 브런치를 시작할 때부터 지금까지 함께해 온 인연이다. 이 말에 고개를 끄덕이며 공감을 표한다. 누군가의 처음으로 기억되는 과정은 의미가 특별하다. 적은 노력으로 큰 효과를 본다. 필자는 지금도 구독자가 0인 작가를 보면 숫자를 1로 바꾼 후에 글을 읽는다. 댓글도 마찬가지다. 첫 구독자에 첫 댓글을 남긴 작가라는 타이틀까지 더해지면 밝은 미래만이 기다린다. 상대방의 기억 속에 지워지지 않는 각인을 새긴 것이나 마찬가지다. 이후 구독은 물론이고 끈끈한 인연으로도 쉽게 이어진다. 실제로 필자의 첫 책을 구입한 구독자 중 다수가 이러한 추억을 간직하고 있다. 더 나아가 이 책도 흔쾌히 구입했으리라 예상한다. 이처럼 누군가의 처음은 생각보다 힘이 세다.

작가에게 온 정성을 담아 작성한 글이 읽히지 않는 것보다 끔찍한 일이 있을까? 필자는 삭발을 해서 책을 읽는 독자 100 명이 생긴다면 고민 없이 바리캉에 머리를 맡길 수 있다. 무명 작가에게는 독자가 늘 귀하다. 상황이 이러하다 보니, 댓글은 사시사철 작가에게 엄청난 역할을 한다. 동기부여는 기본이고 자존감도 높여준다. 필자만 해도 강아지가 주인을 보면 꼬리를 흔드는 것처럼, 댓글을 남겨준 독자들에게 반가움을 넘어 고마움을 느낀다. 예전에는 댓글이 남겨지면 "작가님 잠시만요! 달려가서 구독부터 누르고 와서 답글 남기겠습니다. 헉헉! 다녀왔습니다"로 시작하는 유쾌한 답글도 자주 남겼다. 이후 작가의 브런치에 달려가서 라이킷을 누른 후, 댓글도 열심히 적었다. 받은 기쁨을 함께 나누는 게 기본 도리라 여기고 보답하려 애썼다.

이와는 별개로 매일 20개 이상의 댓글을 추가로 남겼다. 혼자만의 루틴을 만든 셈이다. 10개는 구독자에게 쓰고, 나머지 10개는 무작위로 방문하며 작성했다. 아침과 점심, 직원 식당에서 부지런히 쓰면 하루에 30개를 넘기는 때도 있었다. '도대체 이게 뭐 하는 짓인가'라는 생각도 종종 들었지만 묵묵히 행했다. 돌이켜보면 무식해서 용감할 수 있었고, 힘들지만 꽤나 행복했던 시간이었다. 당시에는 "열 개 주면 하나는 돌려받겠지"라는 믿음으로 라이킷을 누르고 댓글을 남겼다. 결과는 어땠을까? 열 개를 베풀면 다섯 개는 돌아왔다. 그 시간들이 쌓여 지금은 하나를 베풀면 두 개가 돌아온다. 역시나 인간관계는 수학으로는 설명이 불가하다.

브런치를 하면서 독특한 습관이 하나 생겼다. 직업 란에 교사가 적혀 있으면 손가락이 저절로 구독으로 향한다. 학생보다 교사들의 스트레스가 더 심한 세상이다. 선생님들을 응원하는 마음에서 댓글을 남기고 구독을 누른다. 브런치는 언제나 반전으로 가득하다. 두세 줄짜리 짧은 댓글을 남기면 열두 줄짜리 긴 답글이 돌아온다. 칭찬과 격려가 익숙한 교사들의 직업병(?) 때문이라 예상한다. 온기 가득 담긴 댓글과 답글을 읽으며 브런치를 지속할 힘을 얻는다. 더 나아가 가르친 제자의 성공을 본인의 성과처럼 기뻐하듯, 필자의 출간도 본인의 업적마냥 함께 기뻐해 준다. 앞장서서 학교 도서관에 희망도서까지 신청해 주는 선생님들에게는 단순한 고마움을 넘어 무한한 감사함을 느낀다.

스승이 제자에게 보내는 칭찬과 격려가 커다란 선물이듯, 필자에게 댓글은 독자에게 줄 수 있는 최고의 선물이다. 기쁜 마음으로 틈틈이 흔적을 남긴다. 경험이 쌓여가니 요령도 생긴다. 작가들은 본인이 쓴 글은 기가 막히게 기억한다. 문장 하나를 인용해서 댓글을 남기면 효과가 참 좋다. "나는 미인은 아니지만 잠은 많은 편이다"라는 문장이 적힌 글을 읽은 후, 필자는 "미인은 아니지만 잠꾸러기. 진실(?)은 남편분에게 묻고 싶네요. 독자를 무장해제 시키는 문장이 어서 책이란 옷을 입어야 할 텐데요. 파이팅입니다"라는 댓글을 남겼다. 곧이어 작성자인 송주 작가는 온기 가득한 답글로 화답한다. 이처럼 작가에게는 글에 대한 칭찬이 곧 비타민이다.

그렇다면 모두가 글에 집중할 때, 홀로 소통에 집중한 결과는 어땠을까? 초고속 출간이 그에 대한 답이다. 글만 열심히 쓰는 사람들은 여전히 출간을 꿈꾸고, 소통에 집중한 필자는 꿈을 이뤘다. 원고도 없이 계약한 책을 지금 여러분이 읽고 있다. 과거에 일론 머스크(Elon Musk)가 인류는 곧 전기로 가는 차를 탄다고 했을 때 사람들의 반응은 어땠는가? 비웃느라 바빴다. 그랬던 사람들이 지금은 앞다투어 전기차를 산다. 필자가 강조하는 소통형 브런치도 이와 비슷하다. 브런치의 미래를 책임질 새로운 패러다임이다. 출간을 앞당길 수 있다는 확신을 갖고 부지런히 댓글을 남겨보자. 댓글 장인이 되어 재능을 갈고닦으면 구독자 급등은 자연스레 따라온다. 반짝이는 내일의 주인공이 되길 기대하며, 멋진 문장으로 댓글 창을 환하게 밝혔으면 한다. 행운을 빈다.

브런치는 다르다

브런치 글쓰기는 새롭다. 단순히 잘 쓴다고 해서 구독자가 느는 게 아니다. 세 자릿수 라이킷과 댓글은 거저 생기지 않는다. 부지런히 다니면서 스스로를 알리는 노력이 필요하다. 자기 PR이 중요한 시대다. 브런치 작가가 홍보부장을 겸임하면 성장에 가속도가 붙는다. 구독자가 쭉쭉 늘어난다. 작가에게 자존심보다 중요한 건 관심이다. 부디 가만히 누워서 '감'이 나무에서 떨어지기를 기대하는 '감(感)' 떨어지는 행동은 하지 않기를 바란다. 손가락 지문과 독자를 맞바꾼다는 각오로 홍보에 임하면 방문객이 기하급수적으로 증가한다. 이때 '작품이 되는 이야기'가 손님을 맞이하면 라이킷과 댓글이 폭발한다. 이후 호감을 느낀 독자들이 구독까지 누르기 위해서는 작가의 매력과 함께 이어지는 글에 담긴 사연이 중요하다.

브런치는 작가들에게 완벽한 책 쓰기 훈련 환경을 제공한다. 이곳은 서점만큼이나 경쟁이 치열한 공간이다. 독자의 시선을 사로잡기 위해서는 치밀한 계획과 구성이 필수다. 책에서 제목이 중요하듯 브런치 글도 제목이 담당하는 비중이 크다. 첫눈에 독자를 사로잡지 못하면 본문은 보여주지도 못한다. "제목이 반이다"라고 해도 과언이 아니다. 놀라기에는 아직 이르다. 이건 시작에 불과하다. 브런치 글은 책과는 다르게 에피소드마다 신규 독자가 유입되는 특성이 있다. 매번 새로운 느낌을 주면서 이전 글과 이어지는 글을 써야 한다. 난도가 꽤 높다. 알면 알수록 머리가 무거워진다. 여기서 끝이 아니다. 마무리도 중요하다. 다음 이야기가 궁금해야 독자가 구독을 누르고 다시 방문한다. 브런치 글은 처음, 중간, 끝 어느 한 부분도 소홀히 할 수가 없다. 한마디로 지루하면 끝이다. "휴~"하고 한숨이 절로 나온다.

브런치에 글을 쓰기 전, 알아두면 도움 되는 게 있다. 인간은 사회적 동물이다. 종족 특성상 눈치가 빠르면 생존에 더 유리하다. 글도 마찬가지다. TPO(Time, Place, Occasion)가 중요하다. 시간, 장소, 상황에 맞게 써야 한다. 연애편지는 이성의 마음을 훔쳐야 하고, 효도 편지는 부모의 심금을 울리는 게 정석이다. 각각의 글은 저마다의 명확한 독자층이 존재한다. 모든 독자를 만족시키는 글은 있을 수 없다. 한강 작가가 쓴 소설도 호불호가 갈린다. 노벨문학상을 수상한 작가가 남긴 작품이라고 해서 모두가 다 즐겁게 읽을 수 있는 건 아니다. 문해력이 약한 성인에게는 정제된 언어와 시적인 문체가 고욕일 수 있다. 하물며 성경과 법전도 쓰임이 다르다. 같은 글이지만 누군가에게는 감동으로, 또 다른 누군가에게는 짜증으로 전해진다. 결국 글을 완성하는 건 작가가 아니다. 독자다. 명확한 타깃 독자 선정이 중요한 이유다.

　모든 플랫폼은 구성이 각기 다르다. 특성을 정확하게 이해하고 사용해야 빠른 성장으로 이어진다. 브런치는 최신 글이 최상단으로 올라가며 글이 쌓이는 구조다. 자연스레 방문객 대다수는 맨 윗글을 먼저 읽는다. 소설이 두각을 나타내기 힘든 형식이다. 에세이도 마찬가지다. 책 한 권 분량의 글을 쓰기 위해서는 스토리가 이어지는 게 필수다. 극복하기 힘든 제약이 있으니 분량 확보가 어렵다. 아쉽지만 포기할 수는 없다. 인간은 적응하는 동물이다. 위기 가운데에서도 반드시 기회를 찾아낸다. 필자 역시 끈기 하나는 남다르다. 다음 예시처럼 짧은 서문을 활용해서 위기를 기회로 바꾸며 글을 올린다.

브런치 활동 3주 만에 6개 글로 구독자 700명을 모집한 천재작가의 7번째 글입니다.

브런치 내에는 3년 넘게 활동하면서도 구독자 700명을 모으지 못하는 작가가 부지기수다. 단 3주 만에 700명 모집이라는 기적과도 같은 실적은 방문한 작가들의 호기심을 자극하고도 남는다. 이런 식으로 짧고 강렬한 글을 작성해서 네모 칸을 씌우거나 밑줄을 그어서 본문과 구별하면 효과가 좋다. 공연장에서도 사회자가 먼저 등장해서 분위기를 띄우는 경우가 많다. 이와 비슷한 개념이다. 서문으로 독자들의 관심을 자극해서 고비를 넘긴 뒤, 곧바로 본문에 몰입시킨다. 이처럼 방문자가 어느 시점에 들어와도 매력을 느낄 수 있도록 브런치를 구성하는 게 결코 쉬운 일은 아니다. 고민을 지속하다 보면 위염약과 두통약은 생활필수품이 된다. 그럼에도 출간을 위해서라면 피할 수 없는 선택이다. 지나가던 독자의 발걸음을 멈추게 만드는 강렬한 제목과 첫 문장은 강조하고 또 강조해도 결코 지나치지 않다.

그렇다면, 브런치 초급자들에게 핵심 독자는 누구일까? 바로 동료 작가들이다. 공감과 소통을 나눌 수 있는 브런치 작가들부터 인연을 만드는 게 순서다. 다행히 먼저 손을 내밀기도 어렵지 않다. 다가가려는 의지만 있다면 파도를 타면서 여러 작가들을 만날 수 있다. 이쯤에서 의욕이 뿜뿜 샘솟는 독자들과 글을 쓰기도 전부터 가슴이 답답해진다고 느끼는 독자들로 나뉘리라 예상한다. "이 돈으로 차라리 치킨이나 사 먹을 걸" 하고 후회하며, 책값이 아깝다고 느끼는 사람도 있을 수 있다. 당연히 예측했던 바다. 당신이 만약 후자라면 성급히 판단하지 않았으면 좋겠다. 책의 용도를 바꿔 냄비 받침대로 사용하기에는 아직 이르다. 진짜는 이제부터 시작이다.

이 책에는 구독자를 부르는 글쓰기 비법이 담겨 있다. 누구나 실천 가능한 완벽한 방법이다. 살아봐서 알겠지만, 인생사기분이 전부다. 열 번 찍어 안 넘어가는 나무 없고, 댓글 열 개에 안 넘어가는 작가도 없다. 부족한 필력은 댓글로 채우는 게 가능하다. 취미가 '댓글', 특기가 '칭찬'이 되면 브런치 최고 인기 작가가 되는 것은 시간문제다. 어차피 글은 꾸준히 읽고 쓰다 보면 서서히 는다. 정말 중요한 건 따로 있다. 브런치 글쓰기의 핵심은 동료 작가와 독자들의 마음을 얻는 것이다.

글쓰기는 자유롭게,
발행은 신중하게

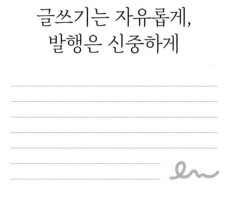

　브런치는 블로그와 다르다. 블로그 사용자들이 월등히 많다 보니, 상당수 브런치 작가들이 착각에 빠진다. 두 플랫폼의 차이를 인지하지 못하고 블로그를 운영하는 방식으로 브런치에 접근하는 실수를 범한다. 익히 아는 대로 블로그는 꾸준한 포스팅이 생명이다. 네이버 인플루언서들은 하루 1포스팅은 기본이고, 2포스팅을 추천하기도 한다. 알고리즘의 축복을 받기 위해서는 사진도 여러 장 마련해야 하니 여간 힘든 일이 아니다. 반면 브런치는 글 발행 주기에 꽤나 너그러운 편이다. 한 주에 한 편씩만 진득하게 올려도 성실하다고 인정을 받는다. 사진도 필수는 아니다. 흰 바탕 위에 자음과 모음으로 빼곡하게 그림을 그리는 정도면 충분하다.

두 플랫폼은 추구하는 바가 완전히 다르다. 블로그는 꾸준히 정보를 올리며 불특정 다수에게 최대한 많은 노출을 하는 게 목적이다. 높은 조회수가 광고 등의 부가 수익으로 이어지기 때문이다. 같은 방식으로 브런치를 운영하면 어떨까? 글을 자주 올릴수록 Daum 첫 화면과 브런치 곳곳에 노출되며 조회수가 기록을 경신할 가능성은 더 커진다. 예상치 못한 조회수 급등이 발생하면 잠시 하늘을 나는 체험을 하지만, 이후 딱히 변하는 건 없다. 브런치는 광고 수익을 허가하지 않는다. 이와 같은 특성을 고려할 때, 브런치 입문자에게 중요한 건 조회수가 아니다. 잠시 스쳐가는 손님보다 자주 방문하고 오래 머무는 성실한 구독자를 얻는 게 우선이다. 브런치를 넘어 출간으로 직행하기 위해서는 단골 독자 확보가 훨씬 더 중요하다.

종종 다작에 집착하며 하루에 열 편 넘는 글을 발행하는 작가들을 볼 때면, 휴식을 취하던 '부담감'이 고개를 빼꼼 내밀고는 몸을 부르르 떤다. 필자는 이들을 '도배사'라 칭한다. 최신 글 목록에 글을 잔뜩 올린 후 화면을 홀로 독점하기 때문이다. 개인 신념상 손님이 먼저 다가와 라이킷과 구독을 누르면 구독으로 보답하는 게 인지상정이지만, 도배사임이 확인되면 손가락이 즉시 "얼음"을 외친다. 브런치에 할애할 수 있는 시간은 정해져 있다. 길어야 하루에 두세 시간이다. 다작을 하는 작가에게 정성을 쏟기에는 가진 시간이 너무 부족하다. 고민 끝에 구독을 누르기는 하지만 달가운 인연은 아니다.

불완전한 다작의 이유는 크게 두 가지다. 작가 스스로 자기애가 너무 강하거나, 작법서의 부작용 때문이다. 글쓰기나 책 쓰기 책들은 하나같이 "하루도 빠짐없이 계속 쓰는 게 중요하다"라는 말로 독자를 세뇌시킨다. 이에 대한 해석은 다양하다. 필자는 초고 작성뿐만 아니라 정성스레 쓴 글을 매끈하게 다듬는 시간도 글쓰기 범주에 포함한다. 스스로 부끄럽지 않은 글을 완성하는 모든 과정을 글쓰기라 여긴다. 사실 대부분의 초고는 문장이 이어지지 않고 뚝뚝 끊긴다. 몰입을 방해하는 요소도 자주 등장한다. 한숨 푹 자고 일어나 맑은 정신으로 다시 원고를 살펴면, 하늘 높이 치솟았던 어깨가 바닥으로 축 처지기 일쑤다. 결국 "모든 초고는 쓰레기다"라는 말에 격하게 고개를 끄덕이며 퇴고를 시작한다.

브런치에서 많은 글을 읽다 보면, 퇴고 없이 발행한 글을 찾아내는 능력이 생긴다. 사실 그런 글은 누가 봐도 티가 확 난다. 세수도 안 하고 소개팅에 나오는 것이나 진배없기 때문이다. 브런치에서 활동하는 많은 도배사들이 여기에 해당한다. 다작에 대한 자부심을 느끼기에는 쓴 글의 내용이 너무 빈약하다. 그럼에도 기본적인 맞춤법도 확인하지 않은 초고를 연속해서 쏟아낸다. 이럴 때면 덧셈도 모르는 어린이가 구구단에 도전하는 느낌을 받는다. 매일 꾸준히 쓰는 성실함은 크게 박수치며 칭찬하고 싶다. 다만, 발행은 이와는 다른 문제다. 브런치글은 양보다 질이 수백 배 더 중요하다. 다다익선은 발행이 아니라 퇴고에 해당하는 말이다. 부디 완벽하게 완성된 원고를 준비해서 독자를 만났으면 한다.

평생 남는 글을 퇴고도 없이 발행하는 것은 무모한 도전이다. 비 내리는 어두운 밤 무단횡단만큼이나 위험하다. SNS에 인물 사진을 올리기 전을 생각해 보자. 두 눈은 잘 떴는지, 표정은 밝은지, 자세는 어색하지 않은지 매의 눈으로 꼼꼼하게 확인한다. 머리끝에서부터 발끝까지 세세히 스캔하며 살피고 또 살핀다. 엄격한 자체 기준에 적합하면 앱을 사용해서 색감을 보정하기도 한다. 정성을 들인 결과물이 내가 봐도 예쁘고, 남이 봐도 예뻐야 합격이다. 마찬가지다. 작가에게는 글이 곧 얼굴이다. 아픈 과거를 드러내는 굴욕샷을 자진해서 남길 필요는 없다. 게다가 브런치에는 '저장글'이라는 유용한 기능이 있다. 발행 이전 단계에서 작가 본인만 글을 읽으며 수정하는 게 가능하다. 이용에 제한도 없으니, 이를 활용해서 매일 쓰고 저장하며 필력을 늘리는 건 적극 추천한다.

글을 꾸준히 발행하지 않으면 구독자 증가가 멈출까 봐 걱정하는 작가들이 있다. 괜한 오해다. 최상단을 지키는 마지막 글이 역할을 다하면 한두 달 글을 올리지 않아도 끄떡없다. 진짜 문제는 어렵게 발걸음한 독자마저 급하게 도망치게 만드는 수준 이하의 글이다. 작성일 기준, 필자는 두 달째 새 글 없이 소통만 진행하는 중이다. 본 책 집필에 시간을 많이 할애하다 보니, 브런치는 하루에 한 시간 정도만 겨우 투자한다. 그럼에도 두 달 사이 구독자가 600명 넘게 늘었다. 하루 열 명 정도 꾸준히 증가한 덕분에 구독자 수 증가 상위 0.1%도 유지하고 있다. 정성스레 작성해 놓은 글의 효과가 톡톡히 나타난다.

브런치가 취미를 넘어 부업 작가의 시작이 되길 바란다면, 글은 자유롭게 쓰되 발행에는 신중해야 한다. 두세 달 바짝하고 사라질 게 아니라면 발행은 한 주에 한 편이 적당하다. 전업 브런치 작가인 경우에는 두 편까지도 괜찮다. 멀리 보고, 독자의 시간을 빼앗지 않는 글만 선별해서 발행하길 권한다. 발행 주기가 길어지면 작가는 여유가 생기고, 독자의 발걸음도 가벼워진다. 일거양득이다. 아무리 가까운 지인이라도 365일 하루도 빠짐없이 집으로 부르면 금세 지친다. 모든 관계는 적당한 게 제일 중요하다. 자주 쓰고 알맞게 발행하는 습관을 들이면 모두가 행복할 수 있다. 어차피 인생은 속도가 아니라 방향이다.

한 우물만 파는 작가

수년간 하루도 빠짐없이 글을 쓰는 브런치 작가들이 많다. 글은 재미있는데 출간이 늘 그림의 떡이다. 이들은 동료 작가들이 출간할 때 함께 기뻐하며 진심으로 축하를 보낸다. 출간과 동시에 책을 구입해서 읽고 서평을 남긴다. 이래저래 바쁜 나날을 보내지만 정작 중요한 소식은 없다. 주말마다 열심히 결혼식에 참석했는데, 어느새 미혼인 채로 마흔에 가까워진 내 여동생의 상황과 비슷하다. 홀가분하기도 한데 뭔가 억울하고 아쉽다. 이유는 비슷하다. 분량 확보에 어려움을 겪는다. 앞뒤 글이 주제가 다르거나 매끄럽게 연결되지 못하고 따로 논다. 이해는 간다. 비전공자가 한 가지 소재로 일정 수준 이상의 글을 써서 A4 100페이지 분량을 채우는 게 쉬운 일은 아니다.

반면, 브런치에서 글을 쓰다가 출간으로 이어지는 작가들도 있다. 필자가 아는 사람만 해도 열 명이 넘는다. 이들은 한 우물만 판다. 본인이 정한 소재로 처음부터 끝까지 책을 쓰듯 이야기를 연결해 나간다. 출판사에서 먼저 연락이 올 정도로 소재가 눈에 확 띄거나, 독자를 첫 문장부터 즉시 몰입시킬 정도로 필력이 뛰어나다. 물론 둘 다인 경우도 있다. 출판사에서 먼저 출간 제안을 하는 작가들의 경우에는 브랜딩도 확실하다. 브런치에 들어서자마자 어떤 곳인지 느낌이 딱 온다. 일기나 다름없는 일상 이야기는 쓰지 않는다. 유혹에 흔들리지 않고, 콘셉트를 유지하며, 진득하게 준비한 글만 끝까지 쓴다. 프로가 되기 위해서는 인고의 시간을 건디는 게 필수다.

예로부터 성공 사례를 모방하는 방식은 노력 대비 효과가 뛰어나다. 브런치도 예외는 아니다. 벤치마킹은 성장에 가속도를 높인다. 브런치스토리팀에서 발행하는 공지 글에 들어가면 브런치북 출판 프로젝트 수상자들의 목록이 보인다. 목표가 출간이라면 이들의 브런치를 눈여겨볼 필요가 있다. 소재와 해석 방식을 중심으로 쭉 살펴보면서 아이디어를 얻는 게 포인트다. 한 가지 분야를 정해서 주제를 선정하고 소개글과 목차를 구성하는 흐름이 책을 출간하는 과정과 비슷하다. 타깃 독자도 분석 대상이다. 역대 브런치북 출판 프로젝트 수상자들 중에는 구독자 수가 두 자릿수인 작가도 있고, 글을 기준에 맞춰 딱 열 편만 쓴 사례도 있다. 각양각색의 수상자들은 한 명도 빠짐없이 남들과는 다른 뚜렷한 특징을 가진다. 다양한 매력을 흡수해서 적용하면 빠른 성장으로 이어진다. 브런치는 다양한 모범답안(?)을 상시 무료로 배포하고 있다. 자유롭게 열람하며 내공을 계속 쌓아가는 게 필요하다.

한 가지 주제로 책 한 권 분량의 원고가 채워지면 출간 기회가 주어진다. 시작이 반이니 팔부능선을 넘은 것이나 마찬가지다. 이때부터는 브런치북 출판 프로젝트 응모도 가능하고, 출판사에 투고도 할 수 있다. 간혹 연재 중간에 출판사에서 먼저 출간 제안이 오는 기적이 일어나기도 한다. 운은 신의 영역이니, 필자는 출판사 투고를 기준으로 설명하고자 한다. 브런치 글을 모아서 출간을 꿈꾼다면 세 가지만 열심히 하면 된다. '쓰고, 투고, 퇴고'만 반복하면 언젠가는 출간에 성공한다. '고스톱에서 쓰리고'는 대박의 가능성과 함께 쪽박의 위험성도 따르지만, '브런치의 쓰리고'는 다르다. 100% 해피엔딩이다. 출간이 늦어지더라도 작가로서 한 단계 성장한 스스로를 발견할 수 있다.

무명작가는 소재가 특별할수록 출간에 더 유리하다. 대부분의 삶은 평범한 일상 같지만 자세히 들여다보면 저마다의 사연이 있다. 누구나 시선을 집중시키는 소재의 주인공이 되는 게 가능하다. 게다가 작가에게는 '제목'이라는 비밀 병기가 있다. 센스 있는 제목은 평범함에 포장지를 씌워 비범하게 바꾼다. 《죽고 싶지만 떡볶이는 먹고 싶어》가 흔히 말하는 제목발이 먹힌 책이다. 《류귀복은 떡볶이가 먹고 싶어》라고 제목을 지었으면 100권도 판매하지 못했으리라 확신한다. 필자도 '사십대 가장의 일상'을 〈인티제의 사랑법〉이라는 제목을 붙인 후 브런치에 연재해서 좋은 반응을 얻었다. 소개글에는 '2% 인류 인티제(INTJ)'라고 적은 뒤, 공감 능력이 부족하고 약속을 잘 지키는 인티제의 성향을 글에 한두 번씩 녹여낸 게 끝이다. 독자의 눈길을 끄는 제목을 짓고 나서 글을 끼워 맞췄다. 이런 식으로 평범함에 조미료를 치면 저마다의 특별한 색이 입혀진다.

어느새 쓰고, 투고, 퇴고를 반복할 자신이 생겼는가? 그렇다면 축하한다. 이제는 출간을 위한 주제를 선정할 시간이다. 만약 당신의 이름을 천만 명이 넘는 국민이 알고 있다면, 쓰고 싶은 글을 마음껏 써도 좋다. 그게 아니라면, '사람'이 아니라 '주제'가 주인공인 글을 써야 한다. 독자들은 평범한 개인의 삶에는 크게 관심이 없다. 나 하나 먹고살기에도 하루가 바쁘다. 귀중한 시간을 투자한 이상의 값어치를 하는 글을 읽기를 원한다. 고로 큰 울림을 주거나 삶을 변화시킬 수 있는 주제를 선정하는 게 좋다. 원고의 주인공이 '류귀복'이 아니라 '○ ○ ○'으로 바뀐다고 해도 글의 매력이 반감되지 않을 수 있는 주제로 분량을 채울 수만 있다면 출간에 더 가까워진다. 결국, 본인이 쓰고 싶은 글 대신 독자가 읽고 싶은 글을 쓰는 게 우선이다.

출간까지 가는 길은 멀긴 하지만 직선이다. 뻥 뚫린 고속도로를 달리는 도중에 굳이 막히는 국도로 빠질 이유가 없다. 목적지에 빨리 도달하기 위해서는 선택과 집중이 중요하다. 한 가지 주제로 분량을 채우는 게 급선무이다. 이후 원고가 완성되면 퇴고를 거듭하자. 장담하건대 글은 고치면 고칠수록 좋아진다. 열심히 쓰고 고치기를 반복하다 보면, 작두를 타는 순간이 반드시 온다. 가까운 미래에 당신의 첫 책 출간 소식을 듣고, 기쁜 마음으로 서점에 달려가길 기대한다.

이렇게까지 설명했는데도 시와 에세이, 소설과 서평 등의 다양한 장르를 기분에 따라 섞어가며 자유롭게 남기려는 사람들이 있을 수 있다. 당신이 여기에 해당한다면 고집을 꺾기를 바란다. 분산 투자는 주식에서만 해당되는 말이다. 브런치에서는 집중 투자가 정답이다. 달걀을 한 바구니에만 모아서 담는 게 더 유리하다. 한 주제를 깊이 있게 써야 책이 생긴다. 부디 한 우물만 파는 작가가 되길 바란다.

브런치 작가의 영향력

언제나 말은 참 쉽다. 행동이 어려울 뿐이다. 많은 사람들이 취미로 '계획'을 세우지만 특기가 '실천'으로 이어지지는 않는다. 온갖 유혹을 뿌리치고 힘들게 시작을 하는 경우에도 작심삼일이 대부분이다. 그럼에도 일단 부딪혀 보는 게 중요하다. 불가능한 일도 시작을 하면 성공 확률이 확 높아진다. 0%였던 가능성이 50%로 오른다. 실패 아니면 성공, 두 가지만 남는다. 반면, 시작을 하지 않으면 성공 가능성은 0%에 머문다. 결과는 안 봐도 뻔하다. 무조건 실패다. 이 모든 상황을 머리로는 이해하지만 행동은 또 다른 문제다. 본능은 늘 안주를 꿈꾼다. 뇌세포들은 실행에 옮기지 못할 이유를 만들어 내느라 항상 바쁘다. 얼마 지나지 않아 '긍정'이 대개 '부정'에게 패배를 선언한다. 바쁜 일상에서 새로운 일에 도전할 틈은 쉽게 생기지 않는다.

브런치 작가가 되어 글을 써서 응원금을 받고 출간으로 이어지는 과정도 말은 참 쉽다. 한 주에 한 편씩 꾸준히 글을 써서 발행하며 하루 열 명씩 구독자를 모으는 일도 별거 아니라 여겨진다. 마음은 하루 스무 명도 모을 수 있을 것 같지만 실제로 실천하는 사람은 드물다. 더 나아가 목표를 달성하는 경우는 손에 꼽는다. 헬스장만 하더라도 연초에는 날개 없는 천사들로 붐빈다. 뱃살이 출렁이는 성인들로 러닝머신이 꽉 찬다. 2주만 지나도 1년 치 이용료를 선납한 '기부천사'들이 자취를 싹 감춘다. 헬스장은 다시 고요를 되찾는다. 지갑을 열어 이 책을 구입한 독자들은 제발 기부천사가 되지 않았으면 한다. 도서관에서 빌려 읽었어도 마찬가지다. '금'보다 귀한 '지금'을 투자했으니 작은 성과라도 꼭 이루길 바란다.

이론은 현실과는 많이 다르다. 브런치에서 적은 노력으로 빠른 성장을 이룰 수 있는 여러 방법들을 남겼지만 결괏값은 사람마다 천차만별이 될 게 분명하다. 누군가는 필자보다 빠르게 구독자를 늘려갈 수 있을 테지만 대다수의 독자들은 좌절을 맛볼 가능성이 더 크다. 사실 실패라고 생각하는 일들은 지나고 나서 보면 소중한 경험이다. 필자는 이 말에 격하게 공감한다.

149개 출판사의 거절 덕분에 출판시장의 냉혹한 현실을 체감하고 독자의 소중함을 깨달을 수 있었다. 2023년 봄, 완성된 원고로 첫 번째 투고를 했을 때 한 출판사로부터 긍정적인 답변을 받았다. 출판사 대표와 만났지만 계약으로는 이어지지 않았다. 이후 네 개 출판사에서 관심을 보였지만 끝내 원하는 결과를 얻지는 못했다. 계속된 실패를 경험하면서 자만감이 겸손으로 바뀐 덕분에 오늘을 맞이할 수 있었다.

필자는 간과 쓸개도 전부 내어 줄 각오로 손가락에 지문이 닳도록 열심히 마실을 다닌다. 저자 인지도를 높이기 위해 댓글과 라이킷은 기본이고 구독도 아낌없이 나누어 준다. 독자가 있어야 글이 살아 숨 쉰다고 믿기 때문이다. 물론 처음부터 그랬던 것은 아니다. 비전공자가 마흔 살에 처음 쓴 글로 11개월 만에 출간 계약에 성공했다는 자부심은 자만감으로 이어지기에 충분한 조건이었다. 자만심으로 배를 잔뜩 채운 채로 브런치를 시작했다. 쓰고 싶은 글을 마음껏 쓰며 구독자가 늘기만을 바랐다. 기대와는 다르게 한 달이 지나도록 발전이 없었다. Daum에 들어가서 쓴 글을 검색하며 조회수를 세 자릿수로 높여봐도 상황은 전혀 달라지지 않았다.

결국 처절한 실패가 독기가 되어 '천재작가'라는 페르소나를 쓰고 브런치를 새롭게 시작할 수 있는 원동력을 얻었다. 2023년 11월, 한 달 동안 썼던 모든 글을 내리고 새 글을 올렸다. 첫날부터 이전과는 확연히 다른 반응에 멈칫 놀라는 날들이 계속 이어졌다. "물 들어온 김에 노를 젓는다"라는 각오로 밤잠을 줄이고 식사도 거르며 온정성을 쏟았다. 한 달만 견디자며 스스로를 독려했던 시간들이 모여 어느덧 1년이 지났다. 브런치에서 차곡차곡 쌓인 경험들은 그 어떤 보석보다 값진 재산이 되었다. 이제는 간절함이 연료가 되어 찾아오지 않는 독자들을 직접 찾아다니며 홍보를 한다. 한 편의 글을 쓰더라도 독자들의 호기심을 자극하는 제목과 발걸음을 멈추게 만드는 첫 문장에 대해 오랫동안 고심한다. 방문한 독자들이 여운을 안고 떠날 수 있도록 퇴고를 반복하는 습관도 몸에 배었다. 돌이켜보면 뼈아픈 상처가 아물며 작가로서 더 단단해질 수 있었다.

이 책은 출간으로 이어지는 글쓰기를 다루지만 글쓰기 대신 소통을 계속 강조한다. 현명한 독자들은 충분히 의심을 가질 만한 상황이다. 그럼에도 필자는 브런치 작가의 소통은 출간을 앞당기는 지름길임을 확신한다. 작가의 영향력이 어느 때 보다 역할이 큰 시대기 때문이다. 만약 《역행자》로 신드롬을 일으킨 자청 작가가 이 책을 썼다면 어떤 반응이 나올까? 출간 즉시 베스트셀러에 오를 것이 불 보듯 뻔하다. 작가의 인지도가 곧 실력인 세상이니 충분히 예측 가능한 현상이다.

　브런치도 상황은 비슷하다. 인기 작가의 글에는 댓글이 끝을 확인하기가 어려울 정도로 길게 남겨진다. 십 단위를 넘어 백 단위의 숫자를 기록하기도 한다. 작가가 독보적으로 글을 잘 써서일까? 아니다. 브런치에는 숨겨진 재야의 고수들이 수두룩하다. 숨이 턱턱 막힐 정도로 인상적인 글을 쓰는 사람들도 셀 수 없이 많다. 가수가 노래를 잘해서만 성공하는 것은 아니듯, 작가도 글을 잘 써서만 성공하는 게 아니다. 일정 수준 이상의 필력을 갖게 되면 그다음은 논외의 영역이다. 운일 수도 있고, 노력일 수도 있고, 둘 다일 수도 있다. 이 중에서 우리가 컨트롤할 수 있는 부분은 오직 노력뿐이다.

　브런치에 남긴 글 중에서 유독 애착이 가는 글이 한 편 있다. 〈그래, 육아〉라는 글이다. 필자의 아내도 무척이나 좋아한다. 무관심에 가까운 반응으로 인해 자진해서 내렸던 글이기도 하다. 무명작가가 선택한 자극적이지 않은 담담한 시작은 브런치에서는 주목받기가 힘들다. 반면 인기 작가가 되어 다시 글을 발행했을 때는 완전히 다른 반응을 얻었다. 세 자릿수 라이킷과 댓글은 기본이고 응원금도 남겨졌다. 필명으로 발자꾹을 사용하는 작가는 이 글을 읽고 한참을 울었다며 댓글을 남겼다.

이후 본인 브런치에 링크를 걸어 글을 소개하기도 했다. 필자가 쓰고 싶은 글은 이와 같은 따뜻한 일상 에세이다. 그럼에도 아직은 읽히는 글이 우선이다.

2023년 여름, 〈그래, 육아〉와 같은 글을 40여 편 완성해서 출간 계약에 성공했고, 출간 이후 홍보를 위해 브런치를 시작했다. 2023년 가을에는 투고 원고와 비슷한 결의 글을 8편 작성해서 발행했지만 아무런 반응이 없었다. 고심 끝에 익숙한 문체와 자존심을 버리고 천재작가라는 필명을 만들어서 다시 도전했다. 이후 6개월간 독자들로부터 폭발적인 호응을 얻었다. 다음 장에서는 브런치에서 〈무명작가 에세이 출간기〉를 연재하며 독보적인 성과를 이루어낸 과정을 설명할 예정이다. 당시는 독한 각오로 독자들의 관심을 유도하기 위해 오만방자하기 짝이 없는 글을 썼다. 이해도를 높이기 위해 〈그래, 육아〉를 먼저 읽고, 다음 장에서 자세한 이야기를 이어가고자 한다.

그래, 육아

딸아이에게는 삼십여 년 세월을 뛰어넘어 친구처럼 지내는 여성이 한 명 있다. 둘은 한 달에 한두 번, 주로 일요일에 만난다. 아이와 온몸으로 소통을 하는 그녀는 아직 미혼이다. 육아 경험은 없지만 알코올로 동심을 간직해서인지 유치원생과의 소통에서 이질감을 전혀 찾아볼 수가 없다. 엄마로 신분을 바꾼 친구들이 많다 보니 아이템 선정 능력도 탁월하다. 색칠 놀이를 시작으로 도블, 공기, 얼음 깨기 등을 다양하게 준비해 놓고 적시에 사용한다. 거실 한쪽에는 작은 조립식 편의점을 제작해서 간식도 채워 둔다. 어느덧 30대 중반이 된 여성은 바로 딸아이의 고모다. 하나뿐인 내 여동생은 음주가무 중 '가무'는 잘 모르겠으나 '음주'는 키 크고 잘생긴 남자만큼이나 좋아한다. 불금을 그냥 넘어가는 법이 없다. 금요일과 토요일 저녁에는 늘 집을 비운다. 월급 대부분을 결혼 자금으로 모아도 부족한 판국에, 술집 사장님의 가계에만 기여를 한다. 하늘 높이 치솟는 집값을 보고 있으니 오빠로서 마음이 늘 무겁다.

만 19세, 여동생은 음주가 합법이 된 시점부터 이따금씩 아침 6시에 귀가한다. 장남의 책임감으로 "외박하고 왔니?"라고 말하며 얼굴을 붉히면, "아니, 택시비 아까워서 술 마시다가 첫차 타고 왔는데?"라고 답하며 스스로 결백을 주장한다. 심지어 본인의 근검절약(?)을 자랑하며 부모님의 속을 태운다. 잠은 집에서 자니 외박이 아니라고 강조하는데, '밖에 나가 잠'이라는 외박(外泊)의 한자 의미를 확인하니 반박하기가 어렵다. 억울하지만 어쩔 수 없다. 여동생은 MBTI도 'E'로 시작해서 생일 주간이 되면 케이크의 촛불을 일곱 번은 꺼야 직성이 풀린다. 숙취와의 전쟁에서 단 한번도 이겨본 적 없는 오빠와는 다르게, 컨디션 한 병 마시지 않고 과음을 해도 다음 날 컨디션이 좋으니 더 자주 마시는 듯하다. 간혹 대낮에 맥주 한 병을 잔에 부어 물처럼 마시는 걸 볼 때면, 남매 중 한 명은 부모님의 친자(親子)가 아닐 것이라는 의심이 든다. 내게 불리한 진술이지만 굳이 증언하자면, 여섯 살 차이가 나는 여동생이 엄마 배 속에 있던 모습을 선명히 기억한다. 내가 주워온 자식이라는 의구심은 품고 싶지 않으니, 여동생이 산부인과에서 바뀌었을 것이라고 의심해 본다. 하지만 뒤늦게 진실을 알게 된 뒤, 속상해하실 부모님을 생각하며 의구심을 거둔다. 이러나저러나 세월을 막을 수는 없는지 이제는 여동생도 종종 숙취에 시달린다.

일곱 살 딸아이는 서울 할머니 집에 가는 것을 키즈카페에 가는 것만큼이나 좋아한다. 하나뿐인 고모가 아빠 몰래 짜파게티도 끓여주고, 한 달 치 섭취량이 넘는 설탕을 한 번에 때려 넣은 프렌치토스트도 만들어 주니 매번 기대가 클 수밖에 없다. 딸과 마찬가지로 나 역시 본가에 가는 길이 늘 설렌다. 주말 낮잠을 즐길 수 있는 흔하지 않은 기회다. 특히 부녀 둘이서 가는 날이면, 여동생이 전날 과음을 하지는 않았을지 초조하며 운전대를 잡는다. 고모가 컨디션이 좋아야 조카와 더 잘 놀아 주기 때문이다. 달콤한 휴식을 기대하며 설렘 반 걱정 반의 심정으로 초인종을 누른다. 결혼 11년 차, 오랜 추억이 쌓인 내 방은 창고로 이름을 바꾼 지 이미 오래다. 부득이 안방 침대에서 부족한 수면을 보충하다 보면, 꿈속에서나마 여동생이 주인공인 결혼식에 다녀올 수 있다. 잠시나마 부모님의 꿈을 이뤄드리는 동시에 나 또한 짧은 휴식을 취할 수 있는 소중한 시간이다. 절대 포기할 수 없다. 여동생의 숙취를 여러 번 경험한 이후, 본가에 가기 전날이면 스마트폰을 꺼내 동영상을 촬영한다. 이제는 이 상황이 익숙해진 딸아이는 시키지 않아도 '레디'를 하면 자동으로 '액션'을 시작한다.

고모, 술 조금만 마시고 나랑 내일 놀자.

연기자의 간절함이 담긴 영상을 카톡으로 전송하고 부녀의 평화로운 일요일을 기대하며 잠이 든다. 미혼 여동생이 조카와 잘 노는 비결을 궁금해하는 내게, "고모는 마음이 일곱 살인데, 당신은 감정이 일곱 살이니 일곱 살 딸이랑 맨날 싸우지" 하고 아내가 비밀을 알려준다. 일주일 후, 다시 본가에 가서 꿀보다 달콤한 수면을 포기하고 여동생을 지켜보니 다르긴 하다. 말도 안 되는 규칙을 만들어 내는 조카에게 "그래"라는 말만 반복하며 따라준다. 감정만 일곱 살인 아빠는 눈치 없이 "그거 아니야. 이거는 이렇게 해야지" 하고 지적해서 혼나는 상황에서도, 기독교 모태신앙인 여동생은 부처님이 보여 주신 해탈의 경지를 선보이며 "그래"를 반복한다. 그래, 바로 저거다. 다행히 나는 늦지 않게 깨우침을 얻는다.

월요일 저녁에는 유독 몸이 더 지치고 피곤하다. 그런데 이건 내 사정이다. 동심 가득한 딸은 속세의 힘듦 따위는 인정하지 않는다. 아빠의 퇴근을 반기며 칼싸움을 제안한다. "아빠 힘들어. 조금만 쉬었다가 하자"라고 말하려던 찰나, 부처님의 얼굴과 오버랩된 여동생의 얼굴이 떠오른다. 목소리의 톤을 한 옥타브 높여 "그래"라고 답하며 광선검을 받아 든다. 세 평 남짓한 거실 공간에서 쉼 없이 칼을 부딪히며 동심으로 돌아가 "얍! 얍! 얍!"을 외친다. 족히 한 시간은 지난 것 같지만 시계를 보니 겨우 10분이 지나 있다. '배터리가 다 됐나?'라는 의심을 품는 순간 시곗바늘이 움직인다. 절망이다. 아빠의 속마음을 모른 채 신이 난 딸아이는 "아빠 잠깐만!" 하고는 방에 뛰어 들어가 활을 들고 나온다. 궁사가 된 심정으로 집중해서 활시위를 한 시간 정도 당기고 나서 시계를 보니, 이번에도 정확히 10분이 지나 있다. 아마도 우리 집 거실 시계는 국방부 시계만큼이나 느린 것 같다. 원망할 새도 없이 손에 총을 들고 한 시간 같은 10분 동안 총싸움을 이어간다. 이제 막 30분이 지났을 뿐인데 벌써 온몸이 쑤신다. 운동할 시간이 없는 아빠를 위해 유산소 운동을 시켜 주는 딸아이가 고맙고 사랑스러워야 하는데, 현실은 자꾸만 육체의 피로가 감사함을 이기려고 한다.

평소보다 격한 아빠의 반응에 기분이 좋아진 딸아이는 급기야 '마법 카드'를 꺼내든다. 축구 결승전에서 사용하는 레드카드보다 더 무서운 카드다. "강아지로 변해라. 얍!" 하는 순간 두 팔을 다리로 전환해서 네 다리로 앉아 "멍! 멍!" 하고 짖어야 한다. 고양이, 코끼리, 펭귄까지 차례대로 변신을 마치고 나니 딸이 이번에는 "물로 변해라. 얍!" 하며 주문을 외운다. 예상치 못한 공격(?)에 눈동자가 심하게 흔들리며 당황한다. 냉정을 되찾고, 아이에게 "물로는 어떻게 변하는 거야?"라고 묻는다. 아이는 어떻게 이런 것도 모를 수 있느냐,라는 뉘앙스를 보이며 등을 바닥에 대고 몸을 떤다. 드디어 휴식시간이 왔다. 10초간 변신하면 된다는 딸에게 정중하게 1분간 변신을 요청한다. "1분이 얼마큼이야?"라고 묻는 아이에게, "10을 여섯 번 세면 돼"라고 알려주니, 흔쾌히 "알겠어" 하며 제안을 받아들인다. 월요일 저녁 9시, 거실 바닥 4cm 두께의 폭신한 매트에 몸을 눕히니 천국이 따로 없다.

부캐에 남편만 있을 때에는 퇴근 후 종종 달리기를 하며 '러너스 하이(Runner's high)'를 경험했다. 30분 이상 달리기를 지속하면서 고통이 서서히 쾌감으로 변해가는 기분을 즐겼다. 부캐에 아빠가 추가되면서부터는 운동할 여유는 사치다. '스트레스 하이(Stress' high)' 상태가 지속되면서 멘탈만 자주 집을 나간다. 예민한 상태에서 일곱 살 딸과 놀다 보니 감정이 일곱 살이 되어 어린 딸과 자주 다툰다. 그러던 중 여동생에게 배운 '그래, 육아'를 실천하며, 아이와 30분간 열심히 놀다 보니 '파더스 하이(Father's high)'를 경험하게 된다. 30분 넘게 땀 흘리며 달

리고 나서 얻을 수 있는 러너스 하이보다 더한 쾌감이 전신을
휘감는다.

"하나, 둘, 셋, 넷, 다섯, 여섯, 일곱, 여덟, 아홉, 열."
"하나, 둘, 셋, 넷, 다섯, 여섯, 일곱, 여덟, 아홉, 열."
"하나, 둘, 셋, 넷, 다섯, 여섯, 일곱, 여덟, 아홉, 열."
"하나, 둘, 셋, 넷, 다섯, 여섯, 일곱, 여덟, 아홉, 열."
"하나, 둘, 셋, 넷, 다섯, 여섯, 일곱, 여덟, 아홉, 열."
"하나, 둘, 셋, 넷, 다섯, 여섯, 일곱, 여덟, 아홉, 열."

10초 같은 1분이 금세 지나간다. 계속 '물'이고 싶은 아빠의
마음을 아는지 모르는지 딸아이가 다시 주문을 외운다.

다시 사람으로 변해라. 얍!

다행히(?) 다시 사람으로 돌아와 축구를 30분 정도 더 한 뒤,
아이를 목욕시킨다. 하루 일과를 마감하는 기념으로 동화책을
세 권 읽는다. 마음을 비우고 일곱 살 동심으로 돌아가 칼을 들
고 이리저리 흥겹게 뛰어다녔더니 종아리가 땅긴다. 잠자리에
누운 딸도 피곤했는지 정확히 2분 만에 잠이 든다. 아이가 잠든
것을 확인한 순간, 파더스 하이가 다시 온몸을 휘감는다.

육아란 '지옥에서 천사와 함께 사는 것'이라고
했던가? 파더스 하이는 그 천사만이 선물해 줄
수 있는 기쁨이다.

PART 004

브런치 작가에서
출간작가로 가는 길

무명작가 에세이 출간기

글쓰기가 고통이라는 사람들이 있다. 이들을 생각하면 고개
가 격하게 끄덕여진다. 거짓말 조금 보태면 목에 담이 올 지경
이다. 머릿속에 떠오른 생각을 문장으로 남기는 게 보통 일은
아니다. 한 가지 주제로 책 한 권 분량을 채우기는 더더욱 어렵
다. 어찌나 힘든지 원고를 작성하다 보면 일탈을 꿈꾸던 머리
카락들이 스리슬쩍 색을 바꾼다. 흰머리가 급격히 늘어난다.
거기에 더해 하나둘씩 이수 지역 이탈도 감행한다. 촘촘한 공
간에 틈이 생기면서 머리숱이 점점 더 귀해진다. 그런데 이건
시작에 불과하다. 진짜 문제는 따로 있다.

책이 정식 출간을 앞두고 나면 극심한 고난이 다가와 "어서

와. 여기는 처음이지" 하고 얄밉게 인사한다. 곧이어 글을 잘 쓰는 것보다 훨씬 더 힘든 게 무엇인지 친절하게 가르쳐 준다. 책이 독자를 만나는, 완전히 다른 차원의 어려움을 설명한다. 독서 인구가 줄다 보니 요새는 열 권에 한 권도 중쇄를 찍기가 어렵다고 한다. 기성 작가들의 신작이 포함된 수치니 신인 작가들의 신간은 상황이 더 처참하다. 책 판매 난도는 글쓰기보다 수십 배 더 높다. 생각만으로도 숨이 턱턱 막힌다. 한여름 땡볕 아래에서 회사 부장님과 함께 하프 마라톤 대회 출발선에 선 심정을 느낀다. 그러나 어쩌겠는가. 포기를 선언하고 싶은 마음과는 다르게 현실에서는 신발 끈을 묶으며 출발을 준비한다. 인생이 다 그렇다. 작가에게 독자를 만드는 일이 이와 비슷하지 않을까 싶다.

2023년 11월 16일, 〈시급 천 원, 천재작가〉를 발행하며 브런치에 데뷔를 알렸다. 등장과 동시에 '구독자 수 증가' 부분에서 놀라운 실적을 달성했다. 한동안 7만여 명 브런치 작가 중 명실상부 1위를 기록했다. 100일이 넘는 기간 동안 '구독자 급등 작가'에 하루도 빠짐없이 이름을 올렸다. '2주 만에 5개 글로 구독자 500명 달성'이라는 전무후무한 기록도 남겼다. 이후 연재 종료 시까지 구독자 수 증가 부분 상위 0.01%를 유지하며 이목을 집중시켰다. 운이 좋았던 것일까? 아니다. 성공에는 반드시 이유가 있는 법이다. 그런 의미에서 오늘은 감추고 싶은 흑역사를 솔직하게 공개하고자 한다.

사실 브런치를 시작한 시점은 그로부터 한 달 전이다. 2023년 10월, 출간을 반년 정도 앞두고 첫 글을 올렸다. 하루에 구독자를 30명씩 늘려서 출간 시점에는 5,000명을 넘기는 목표를 세우고 글을 준비했다. '글방'이라는 필명으로 〈치과 방사선사의 병원 생활〉과 〈치과 방사선사의 일상 이야기〉라는 두 개의 매거진을 만들었다. 글 쓰는 방사선사라는 작가소개를 적고, 한 주에 두 편씩 온기를 머금은 담담한 글을 발행했다. 앞서 읽은 〈그래, 육아〉와 비슷한 결의 이야기들을 남겼다. 결과는 어땠을까? 참담했다. 구독자를 하루에 30명은커녕 한 주에 30명도 모으기가 힘들었다. 한 달에 30명이 늘면 그나마 다행인 상황이었다. 브런치는 유튜브나 인스타처럼 수십만, 수백만 구독자를 얻을 수 있는 플랫폼이 아니었음을 깨닫기까지 그리 오랜 시간이 걸리지 않았다. 구독자가 하루에 열 명씩만 꾸준히 늘어도 상위 0.1%에 속한다. 현실적인 접근이 필요했다. 하루 열 명 이상씩, 출간 시점에는 2천 명 모집으로 궤도 수정을 감행했다.

"기획을 하면 기회가 열린다"라는 각오로 썼던 글을 모두 내리고, 출간기획안을 작성하는 심정으로 새로운 시작을 고민했다. 첫 실패의 원인을 분석해 보니 답이 바로 나온다. 브런치에는 하루 2천여 개에 달하는 새로운 글이 올라온다. 뒤어야 사는 세상이다. 수천 개의 경쟁 글들을 제치고 내가 쓴 글을 선택하게 하려면 확실한 콘셉트는 기본이고, 강한 자극도 필요하다. 작가명을 확인한 사람들이 반응하지 않을 수 없도록 '천재작가'라는 필명을 정했다. '이 자식 뭐야?'라는 생각을 하게 만들면서 한 번 더 눈길을 끄는 게 목적이었다. 한국 사회에서는 겸손이 미덕이니, 비호감마저 관심으로 바꾸기 위해 작가소개란에는 천 번을 쓰고 지우며 재미있는 문장을 완성하는 작가라는 의미를 남겼다. 예로부터 악플은 사전 차단이 제일이다.

브런치에서도 경력이 화려한 수많은 경쟁 작가들을 제치고 무명작가가 구독자를 얻는 게 보통 일은 아니다. 강렬한 제목은 당연하고, 첫 문장의 힘은 진리다. 제목에 이끌려 본문을 클릭한 후 3초 만에 첫 문장을 읽고, 마지막 문장까지 전부 읽게 만들기 위해서는 확실한 설계가 필요하다. 가독성에 중점을 두고 본문을 짧게 쓴 뒤, 중간에 빠져나갈 틈이 없도록 수십 번 퇴고를 거듭해야 한다. 다음 이야기가 궁금해서 구독을 누르게끔 호기심을 유발하는 결말도 필수다. 타깃 독자 선정의 중요성은 말해봐야 입만 아프다. 핵심 중에 핵심이다. 브런치에는 출간을 기대하며 글을 올리는 예비작가들이 수두룩하다. 특성을 반영하여 매거진명을 〈무명작가 에세이 출간기〉로 정했다. 브런치 작가들이 읽었을 때 '뭐지? 이거 읽으면 나도 출간이 되는 건가?'라는 생각이 들도록 브런치를 꾸민 후, 두근거리는 심장을 부여잡고 첫 글을 발행했다. 미끼가 좋았을까? 독자들이 뜨거운 반응을 보이며 흔적을 남기기 시작한다. 난생처음 경험하는 세 자릿수 라이킷을 확인하니 동공이 커지고 어깨가 들썩인다. 구독자는 하루 만에 50명이 넘게 늘었다. 참신한 등장은 그야말로 대성공이었다.

돌이켜 생각하니, 새로운 시작은 작가로서의 자존감을 높이기 위해 자존심을 버리는 과정이었다. 작가에게 악플보다 무서운 건 무관심이다. 아무도 내 글을 찾지 않는 것만큼이나 끔찍한 고통은 없다. 필자는 원하는 바를 얻기 위해 쓰고 싶은 글 대신 읽히는 글을 택했다. 천재작가라는 페르소나를 쓰고 자극적인 문체로 문장을 완성했다. 호불호가 극명하게 나뉘는 위험을 감수했고, 다행히도 어필에 성공하며 열성 팬이 생겼다. 독자들과 꾸준히 소통을 이어간 덕분에 첫 책이 독자를 만났고, 두 번째 책도 얻었다. 이 모든 게 확실한 콘셉트를 완성한 덕분이다. 당신도 소통형 작가로서 브런치를 활용하고 싶다면, 이어지는 〈무명작가 에세이 출간기〉를 참고해서 화려한 데뷔를 준비해 보자. 책에는 도입부를 담당했던 여섯 편의 글과 함께, 출간 소식을 알리며 본명을 공개했던 한 편의 글을 실었다. 이쯤에서 중요하니 다시 한번 강조한다. 브런치는 읽히는 글이 우선이다. 그럼 이제, 도전과 성실의 아이콘 천재작가의 글을 만나러 가보자.

시급 천 원, 천재작가

"에세이 출간 계약에 성공한 무명작가의 경험담이 작가를 꿈꾸는 분들에게 작은 도움이라도 되길 기대하며, 잠시 어울리지 않는 '페르소나'를 쓰고 이야기를 시작하겠습니다."

"당신의 꿈은 브런치 작가인가?
아니면 그냥 작가인가?"

후자를 소망하는 사람들을 위해 천재작가의 에세이 출간 노하우를 아낌없이 공개한다. 첫 문장을 쓰고, 출판계약서에 서명을 남기고, 계약금을 입금 받기까지 1년이 채 걸리지 않았다. 무명작가가 남긴 337일간의 기록이 책을 내고 싶어 하는 예비

작가들에게 도움이 되길 바란다.

 "당신은 소중한 것을 포기할 만큼의
 간절함이 있는가?"

 가뜩이나 부족한 잠을 더 포기하고, TV 리모컨을 내던질 용기가 없다면 이 글을 읽을 필요가 없다. 책을 내서 유명해지는 게, 유명해져서 책을 내기보다 훨씬 더 어려워진 세상이다. 보통의 한 인간이 본인의 이름으로 된 책을 한 권 갖는다는 것이, '흙수저로 태어나 자식에게 금수저를 물려주는 것' 만큼이나 어려운 일이 되었다. 글이 남기는 결과는 비루하고, 때로는 처참하기까지 하다. 자본주의 사회와는 썩 어울리지 않는 행위가 분명하다.

 "시급 천 원에 만족하며
 기꺼이 시간을 투자할 수 있는가?"

 순도 100퍼센트의 즐거움으로 시작한 글쓰기가 극심한 고통의 과정을 거쳐 의미 있는 결과를 만들어내기까지 11개월이 걸렸다. 일 평균 세 시간 정도를 투자했으니 총 1,000시간 정도를 사용한 셈이다. 최저 시급 아르바이트를 했어도 1,000만 원은 벌었을 시간에 고작 100만 원을 벌었다. 그런데 사람들은 이것을 '기적'이라고 표현한다. 계약금보다 몇 배나 더 많은 급여가 매월 입금되어도 별 감흥이 없는 아내마저도 크게 기뻐하며 뜨거운 눈물을 보인다. 이처럼 '시급 천 원' 작가가 되는 것은 결코 쉬운 일이 아니다. 주변에는 '시급 백 원'이라도 좋으니 꿈이 이루어지길 소망하는 무명작가들이 대부분이다. 심지어 자비출판이나 반기획출판을 위해 없는 살림에 사비까지 동원해서 투자하는 경우도 심심치 않게 등장한다.

"이 사람은 기획출판을 할 정도의 작가라고 하니
 어느 정도의 천재성이 있지 않을까?"

나의 천재성에 대해 궁금한가? 수능시험 성적은 전국 평균 이하였고, 작문은 딱히 배워본 적이 없다. 부친으로부터 상인의 피를 물려받아 언변이 좋은 편이긴 하다. 말이 곧 글이 되니 어느 정도 유리한 고지에서 시작한 것은 부인하지 않겠다. 군복무 시절, 효도편지 경시대회에 입상해서 5박 6일 포상 휴가를 받으며 정식 데뷔(?)를 알렸고, 브런치 작가는 두 번 도전해서 겨우 성공했다. 종합해 보면 평범한 필력에 불타는 의지를 가진 보통의 가장이자 브런치 재수생이다. 이런 나도 해냈다. 간절한 의지만 있다면 누구나 책을 낼 수 있다.

"넘어지고, 또 넘어져도 다시 일어날 자신이 있는가?"

이 질문에 "있다"라는 답을 할 수 있다면, 당신은 이미 작가가 될 자격이 충분하다. '천' 번을 쓰고 지우며 '재'미있는 문장을 완성하는 '작가'. 작은따옴표 속의 네 글자가 머리를 쾅 하고 때리는가? 이 글을 읽으며 시급 천 원, 천재작가가 될 준비가 되었길 바란다. 오른손에 쥐어진 촉이 굵은 펜으로 책의 속지에 멋지게 사인을 남기는 모습을 상상하며, 출판계약서에 서명을 남기는 그날까지 함께 최선을 다해보자.

작가가 되는 것은,
단순하지만 중요한 믿음에서 시작된다.
"나는 작가다."

제프 고인스(Jeff Goins)가 《이제, 글쓰기》라는 책에서 남긴 말이다. 이 믿음이 나를 작가로 만들었다. 이제는 당신 차례다.

천재작가의 탄생

외계인 한 명이 찾아와 초인종을 누른다. 현관문을 열어주니 거실에 들어와 앉는다. 가방에서 주섬주섬 책과 펜을 꺼내더니, 책 속지에 짧은 글을 적는다.

"언젠가 꽃처럼 피어날 나의 벗 수현에게"

10년 전, 우리 부부의 결혼식에서 부케를 받았던 아내의 친구다. 그녀가 책을 썼다고 한다. 40년 만에 처음으로 '작가'라는 존재의 실물을 영접하는 순간이다. 외계인이라고만 생각했던 작가도 가까이서 보니 평범한 한 인간에 지나지 않는다. 삼시 세끼 밥을 먹고, 커피를 마신다. 상사 욕을 안주 삼아 술도 즐긴다. 이때만 해도 그녀가 남긴 한 권의 책이 천재작가 탄생의 예고편이었음을 상상조차 하지 못했다. 아무 생각 없이 그저 웃으며, "이 책 읽으면 나도 작가 될 수 있어?"라고 물었다. 그녀는 한 치의 망설임도 없이 "아니요"라고 답한다. '본인 책에 대한 확신이 없는 건가?'라는 의구심이 들 때 그녀가 말을 잇는다.

"오빠, 작가가 되려면 책을 많이 읽어야 해요."

육아의 스트레스를 폭풍 독서로 풀어가던 한 남성은 우연히 샌드라 거스의 《묘사의 힘》을 읽게 된다. 글로 독자의 머릿속에 그림을 그리는 이 환상적인 행위에 매력을 느낀 그는 스마트폰을 꺼내 메모장에 묘사를 시도한다. 손가락을 부지런히 움직이니 한 시간 만에 에피소드 하나가 뚝딱 완성된다. 한 달에 열 권 넘게 꾸준히 독서를 이어간 덕분인지 글이 미끄러지듯 쭉 써진다. 만성피로에 시달리는 직장인이지만 글을 쓸 욕심에 새벽에 눈이 번쩍 떠지는 기적도 체험한다. 글을 쓰고 고치기를 반복하다 보니 자신감이 더 붙는다. 혹시나 하는 심정으로 옆에 있는 동료에게 넌지시 글을 보여 주니, 잠시 후 그가 키득키득 웃는다. 마지막 문장에 있는 작은 동그라미를 확인하고 나서는 "우와~ 웬만한 책보다 재미있는데요?"라는 극찬을 전한다. 이 남성으로 말할 것 같으면 일 년에 책을 한 권도 읽지 않기로 유명한 '비독서인'들의 대표다. 난독증이 의심되는 그가 몰입해서 읽는 것을 보니 글에 대한 확신이 선다.

"혹시 나도 작가가 될 수 있지 않을까?"

귀가와 동시에 양말도 벗지 않고 허겁지겁 아내 친구에게 선물 받은 책을 찾아 펼친다. 《편집자처럼 책을 보고 책을 쓰다》라는 책이다. 표지 디자인만 빠르게 살펴보고 작가소개만 관심 있게 읽었던 책인데, 이번에는 상황이 조금 다르다. 목차부터 꼼꼼히 읽다 보니, 과거 남자고등학교에서 과감히 문과를 선택했던 자부심이 다시 발동한다. "나도 작가가 될 수 있겠는데?"라는 묘한 자신감이 더해지면서, 삶의 중간중간 찬란한 빛을 더했던 화려한 수상 경력이 떠오른다. 대학 시절, 'ㅇㅇ독서 대상 독후감 공모전'에서 최우수상에 선정된 적이 있다. 입사해서는 '사내 수기 공모전'에서 우수상을 수상했다. 이 정도면 작가가 되기에 충분한 자질이다. 부의 파이프라인 건설을 간절히 원했던 외벌이 가장에게 희망의 빛이 비친다. 베스트셀러 작가를 꿈꾸며 본격적으로 글을 쓴다. 5개월간 부지런히 써서 A4 100페이지 분량의 원고를 완성한다. 아내의 친구가 알려준 비결 덕분이다. 그렇다. 작가가 되려면 책을 많이 읽어야 한다.

"당신은 지금 충분히 책을 읽고 있는지 묻고 싶다."

이 질문에 대한 답이 만약 "아니요"라면 지금 당장 이 글을 닫아라. 한시가 급하다. 서점이든 도서관이든 빨리 뛰어가서 책부터 펼쳐라. 독서량이 부족하면 밥 먹는 시간도 아깝다. 식사 시간에는 전자책을 활용해라. 의지만 있다면 이틀에 한 권은 충분히 읽을 수 있다. 직장이 있고, 가정이 있는데 어떻게 시간을 내냐고? 그렇게 바쁜데 책은 어떻게 쓰려고 하는지 묻고 싶다. 단언컨대 많은 책을 읽을수록 당신 글의 가치는 올라간다. 깊이가 더해지고, 사람들은 열광한다. 출판계약서에 계좌 정보를 남기고 싶거든 우선 책부터 많이 읽어라. 강조하고 또 강조해도 결코 부족함이 없는 진리다.

"작가가 되고 싶으면 다독은 필수다."

초고 작성

“천재작가는 신에게 검은 머리를 팔고 영감을 샀다.”

원고지 한 장에 검은 머리 열 개. 나쁘지 않은 조건이다. 신의 은총으로 원고지 800페이지 분량의 영감과 함께 흰머리 8,000개를 얻었다. 첫 문장을 쓰고 출판계약서에 이름을 남기기까지, 11개월간 족히 8년은 더 늙은 듯하다. 동안(童顔)을 포기하니 책 한 권이 생긴다. 기혼자에게는 충분히 만족스러운 계약이다.

“예비작가가 단행본 한 권 분량의 원고를 완성하는 게 쉬운 일은 아니다.”

마혼한 살에 새롭게 라틴어나 아랍어를 배우는 것만큼이나 어렵다. 원고지 기준으로 최소 600페이지는 넘겨야 투고할 가치가 생긴다. 한글이나 워드로 계산하면 80~100매 정도가 필요하다. 글자 크기 10포인트, 줄 간격 160 기준이다. 노안이 왔다는 핑계로 14포인트로 작성하는 꼼수는 통하지 않는다. 한글 속성에서 확인되는 원고지 매수가 중요하다. 분량의 고비를 넘겨야 투고든 뭐든 가능하다.

"가만히 누워서 작가가 되고 싶은가?"

딱 한 가지 방법이 있긴 하다. 궁금한가? 알려주겠다. 목욕재계하고 침대에 누워 이불을 덮어라. 작가가 되고 싶다는 생각을 계속해라. 책을 내고 베스트셀러 작가가 되어 거만하게 앉아 사인을 남기는 모습을 끊임없이 상상해 보자. 그러다 잠이 들면 어쩌다 우연히 꿈에서는 작가가 될 수도 있다. 현실에서는? 꿈 깨라! 로또를 사야 당첨이 되듯, 원고를 완성하고 투고를 해야 책이 나오고 작가도 된다.

"천 번을 쓰고 지우며
재미있는 문장을 완성하는
천재작가는 이렇게 쓴다."

우선 생각의 흐름대로 손가락을 쉬지 않고 움직인다. 자리를 잡고, 노트북을 켜고, 커피를 마시는 등의 의식은 사치다. 가뜩이나 부족한 잠을 한두 시간 더 줄이고 틈만 나면 글을 쓴다. 신호 대기 중에도, 엘리베이터에 타서도, 심지어 화장실 안에서도 스마트폰 메모장을 연다. 시간과 장소에 구애받지 않고 생각이 머리를 떠나기 전에 핵심 문장을 기록으로 남긴다. 목차와 구성은 차후의 일이다. 모든 감각을 글자로 표현하기 위해 힘쓴다. 분량의 고비를 넘기기 위해서는 질보다 양이 더 중요하다. 에세이 한 권을 채우기 위해 이러한 과정을 40~50번 거친다고 생각해 보자. 너무 행복한가? 축하한다. 그 마음이 원고의 최종 마침표를 찍을 때까지 유지된다면 당신은 '사이코패스'가 확실하다. 생각만으로도 끔찍한가? 그게 정상이다. 미쳐버릴 것 같은 순간을 최소 열 번은 경험해야 진정한 작가가 된다. 각오를 단단히 해라. 당신이 군필 남성이라면 군 입대를 한 번 더 한다고 생각하면 깔끔하다.

"좋은 글은 작가의 영혼을 먹고 탄생한다."

글쓰기는 정답이 없다. 사람마다 각자의 방식이 있을 뿐이다. 타인의 방식을 참고해서 나만의 방식을 찾는 게 중요하다. 특정한 형식을 강요하는 사람들의 목적은 대개 비슷하다. 본인의 인지도를 높여 수익을 얻는 게 목표다. 고민하지 말고 의식의 흐름대로 분량부터 채워라. 어차피 원고의 마지막에는 퇴고라는 해답지가 있다. 부지런히 쓰고 지우고, 다시 쓰고 지우기를 반복하다 보면 퍼즐은 완성된다. 직장인의 점심시간처럼 시간도 빠르게 흐른다. 관절이 쑤시고 흰머리가 늘다 보면 자연스레 원고의 끝이 보인다.

"천재작가는 에필로그를 작성하기까지
진통제 수백 알을 삼켰다."

혈관에 바늘을 꽂고 피에 수액을 여러 번 섞었다. 신은 작가에게 영감을 그냥 주지 않기에 후회는 없다. 본디 완벽한 영감은 인간의 괴로움을 먹고 자란다. 당신의 삶이 고통인가? 그렇다면, 크게 기뻐하라. 삶에 아픔이 있어야 멋진 글이 탄생한다.

"피곤한가? 오늘은 일단 쓰고, 퇴고에서 만나자."

퇴고

"천재작가에게는 슬럼프보다 백 배 정도 더
두려운 게 있다. 바로 퇴고다."

슬럼프는 끝이라도 있지만 퇴고는 끝이 없어서 더 무섭다.
고소공포증은 새 발의 피다. 신이 내게 "번지점프로 몸을 풀고,
스카이다이빙을 열 번 하면 대신 퇴고해 주겠다"라고 제안한다
면, 1초의 망설임도 없이 엎드려 절하고 번지점프대에 오를 정
도다.

"글은 팩트가 중요하다."

이번 에피소드는 현실감을 극대화하기 위해 초고에 힘을 빼고, 출간 원고 수준으로 끊임없이 퇴고하며 시간을 기록으로 남겼다. 처음부터 끝까지 막히는 부분 없이 쭉 읽혀 내려가기 위해 얼마큼의 노력이 있었을까? 알아맞히는 사람이 있다면 출간될 도서와 함께 한 달 치 내 월급을 보내겠다. 과하지 않냐고? 괜찮다. 단언컨대, 정답자는 단 한 명도 없을 테니까. 다들 알고 있겠지만 퇴고에는 끝이 없다. 고로, 보고 있는 원고도 발행은 되었지만 어떤 의미에서는 현재 진행형이다. 무명작가의 퇴고 과정이 지루한 원고에 한 번 더 손을 뻗을 수 있는 동기부여가 되길 바라며, 천재작가의 퇴고 이야기를 시작한다.

"초고를 완성했으니 이제
베스트셀러 작가가 되는 건 시간문제다."

결말을 알고 있는 내가 읽어도 이렇게 재미있는데 다른 사람들은 오죽할까? 아마도 해가 달이 되는지도 모른 채 푹 빠져서 읽을 듯하다. 기대감을 잔뜩 품고 출간 후를 상상해 본다. 벌써 사십만 명이 넘는 독자들이 종이를 넘기며 하루에도 몇 번씩 웃다가 울다가를 반복한다. 조울증 환자를 만들어 내는 사회악으로 오해받기 딱 좋은 명문(名文)이다. 조만간 관련하여 경찰에서 조사가 나올 수도 있다. 혹시나 억울한 상황에 처해진다

해도 걱정할 필요는 없다. 유전무죄 무전유죄(有錢無罪 無錢有罪)인 세상이다. 천재작가에게는 끊임없이 샘솟는 지하수처럼 인세로 계속 불어나는 통장이 있다. 대형 로펌을 선임하면 어렵지 않게 해결 가능한 문제니 크게 신경 쓰지 않는다. 만날 때마다 'ㄱ' 자로 정중히 인사하는 변호사에게 위임장을 한 장 써준 다음, 두 발을 쭉 뻗고 여유로운 시간을 즐긴다. 조망이 탁 트인 카페에서 브런치를 먹으며 브런치 연재를 준비한다. 백화점에 가서 명품 백을 서너 개 구입하고, 남자의 로망인 시계 매장도 두세 군데 둘러본다. 차도 5년 넘게 탔으니 이참에 신형으로 바꾼다. 정든 집을 떠나려니 아쉽긴 하지만 집도 더 넓혀 적당히 50평형으로 이사한다. 기분 좋은 상상은 다음 날 이어서 계속하기로 하고, 현실로 돌아온다.

"휴~, 드디어 초고 작성이 끝났다!"

천재작가는 베개에 침을 질질 흘리며 잠을 푹 잔다. 눈이 번쩍 떠지는 상쾌한 아침은 오랜만이다. 지난밤에 얻은 행복감을 쭉 이어가고 싶은 마음이다. 몸을 일으키자마자 원고부터 확인한다. "헉!" 완성한 초고를 다시 보니 DMZ(비무장지대)나 다름없다. 밤사이 전쟁이라도 일어난 듯 문장이 온통 지뢰로 가득하다. 줄 서서 먹는 맛집에서 파는 메밀 막국수처럼 글의 흐름이 뚝뚝 끊긴다. 원고의 마침표를 찍고 검토할 때는 스스로 감탄하기 바빴는데, 지금은 완전히 다른 글이 되어 있다. 심술이 잔뜩 난 요정이 놀러 와서 장난을 친 게 분명하다. 완벽했던 초고가 아들 셋 키우는 가정의 거실만큼이나 난장판이 되어 있다. 문장과 문장이 남한과 북한처럼 남남인 듯 하나로 붙어있고, 모든 조사는 지뢰다. 어디서부터 손을 봐야 할지 답이 나오지 않는다. 역시 '아프니까 작가고, 힘드니까 출간이다.'

 "편집자님,
  작가님 호텔에 감금해서 군만두 넣어 주세요."

 이런 뜨거운 반응을 기대하고 작성한 초고 상태가 생각보다 심각하다. 천재작가가 기력을 다했는지 글에 몰입하기가 어렵다. 문장이 비실비실해서 다시 읽는 시간이 아까울 정도다. 투자한 시간이 발목을 잡아 처음부터 새로 쓸 용기도 나지 않는다. 찬물을 한 잔 들이켜고 냉정하게 생각한다. 만성피로에 시달리는 직장인이 밤잠을 포기하고 어렵게 쓴 글이다. 절대 포기할 수 없다.

 "천재작가는 안락한 호텔 대신
  추운 차 안에서 단팥빵을 입안에 넣는다."

어차피 초고는 쓰레기다. 원고를 다듬기 위해 가뜩이나 없는 시간을 쪼개고 또 쪼갠다. 따뜻한 아침밥은 사치다. 차 안에서 단팥빵 하나로 끼니를 때운다. 빵을 한 입 크게 베어 물고 양 엄지를 16배속으로 바삐 움직이며 퇴고에 집중한다. 반복되는 단어를 없애고, 앞뒤 좌우로 순서를 요리조리 바꿔본다. 어색한 문장을 지우기도 하고, 새로운 문장을 불러오기도 한다. 생기가 없는 초고를 어떻게든 살려내기 위해, 욕심을 버리고 글을 계속 덜어내려 노력한다. 정성스레 작성한 긴 문단을 통째로 날려 보내는 경우도 있다. 이때는 "보유한 주식이 상장폐지되었다"라는 소식을 접하는 것만큼이나 큰 치명타를 입는다. 그럼에도 포기하기에는 아직 이르다. 마음을 다잡고 비워진 자리를 진심이 담긴 문장으로 하나둘씩 채운다. 여러 차례 퇴고를 거치고 나니, 원고가 다시 살아 숨 쉬는 기적이 일어난다.

"다다익선(多多益善)"

작가를 위해 만들어진 사자성어가 분명하다. 수십 차례 퇴고를 거듭하다 보면 단어가 춤을 추며 제자리를 찾아간다. 흥이 많기로 소문난 문장도 어깨를 들썩이며 이곳저곳을 기웃거리다 적당한 곳에 터를 잡는다. 작가 본인조차 민망해하던 결점투성이 초고가 퇴고를 거치면서 비로소 안정을 되찾는다.

"다른 작가는 어떨까?"

노벨문학상을 수상한 작가 어니스트 헤밍웨이(Ernest Hemingway)는 "모든 초고는 쓰레기다"라는 명언을 남겼다. 그는 초고를 쓰레기로 비유할 만한 자격이 충분한 사람이다. 그의 대작(大作)《노인과 바다》는 200번이 넘는 퇴고로도 유명하다. 이처럼 노벨문학상에 이름을 남긴 대문호(大文豪)도 수십 번, 수백 번을 쓰고 지우며 퇴고한다. 당신은 어떤가? 충분히 퇴고하고 있는가? 범사에 감사하고 쉬지 말고 기도하듯, 초고에 감사하고 쉬지 말고 퇴고하자.

"작가님! 제 통장 다 드릴게요.
작가님은 제발 글만 써 주세요."

이런 열렬한 반응을 기대하는가? 독자들이 당신이 쓴 글을 여름휴가만큼이나 간절히 기다리는 모습을 떠올리며 끊임없이 퇴고하라. 믿음은 곧 현실이 된다. 참고로 이번 에피소드는 21번 퇴고했다. 초고 작성에는 2시간 46분 걸렸고, 퇴고에는 총 7시간 14분 걸렸다. 초고 작성을 위한 노력의 두 배 이상을 퇴고에 쏟은 셈이다. 흐뭇한 미소로 '♡'를 누르는 당신의 모습을 상상하며 지루한 과정을 견뎠다. 천재작가의 믿음이 잠시 후 현실이 되길 바란다. 물론 응원에 댓글이 더해지면 더 좋다.

"본디 즐거운 일에는 퇴근이 없는 법이다."

심장이 "쿵! 쾅! 쿵! 쾅!" 크게 뛰는 설레는 일을 만나면 이동을 하거나 식사를 할 때에도 머릿속이 바삐 움직인다. 조금이라도 더 나은 결과를 기대하며 온종일 한 가지 생각에 집중한다. 마찬가지다. 글쓰기를 즐기는 작가에게 '퇴근'은 없다. 오직 '퇴고'만이 있을 뿐이다.

"작가가 되길 원하는가?
끝까지 다 읽었으니, 이제는 쉬지 말고 퇴고하자!"

출간 계약의 비밀

_____
_____
_____
_____
_____
_____ ∿

"천재작가는 완성도 높은 원고를 위해 지갑을 탈탈 턴다."

매일 아침, 미각을 자극하는 사내 커피숍의 원두를 뒤로하고 카누를 뜯는다. 글을 읽으며 미소 지을 독자를 생각하며, 감미롭고 우아한 아침을 미련 없이 포기한다. 첫 문장부터 깊이 빠져드는 원고를 완성하기 위해 긴축재정에 들어간다. 절약한 돈은 초고의 질을 높이는 데 사용한다. 수강료는 아니다. 글은 독학으로 배운다. 좋은 책을 읽다 보면 영감이 막 떠오른다. 특색 있는 문장이 "작가야, 만나서 반가워" 하며 신이 나서 달려온다.

"도서관에 가면 서가에 책이 한가득이다."

돈을 쓰면서까지 작문을 배울 필요가 없다. 믿지 못하겠는가? 한 달에 열 권씩, 딱 2년만 읽어봐라. 자음과 모음이 손잡고 와서 "똑똑" 하고 뇌를 두드린다. 시도 때도 없이 같이 놀자고 한다. 한 달에 20권씩 읽으면 1년으로 앞당길 수 있다. 일단 한 번 해 봐라. 해 봤는데 안 되면 당신은 글을 쓸 자격이 없는 사람이다. "책에서 영감을 얻지는 못하지만 책을 쓰겠다"라는 것은 "매운 음식은 먹지 못하지만, 맛있는 엽떡을 만들어서 대박날 거야!"라고 말하는 것과 같은 이치다. 망하는 지름길이다. 일찌감치 포기하고, 얼른 돌아가서 에피소드 〈천재작가의 탄생〉부터 다시 읽어라. 마지막 문장에 진리가 있다.

"천재작가는 향긋한 오전을 과감히 포기하고
용돈을 모은다."

매일 아침 종이컵에 들어간 카누가 만들어 낸 돈은 유료 독자들 구독료 지급에 사용한다. 글을 써서 돈을 버는 게 아니라, 돈을 쓰면서 글을 읽게 만든다. 실망했는가? 어쩔 수 없다. 냉정한 현실이다. 초고의 반응을 살핀 뒤, 퇴고 진행 여부를 결정하는 게 가성비가 좋다. 대형 참사를 사전에 예방하는 격이다. 자본주의 사회에서 금보다 더 귀한 시간을 아끼는 합리적인 행위이다. 이 관점에서 생각하면 쓰는 돈이 전혀 아깝지 않다.

"천재작가는 초고를 완성하자마자
하이에나로 돌변한다."

초고에 마침표를 찍고 나면, 가장 먼저 주위를 두리번거리며
적당한 사냥감을 물색한다. 주로 점심 식사를 함께한 동료 직
원이 첫 타깃이다. 커피를 사준다고 유혹해서 한적한 곳으로
끌고 간 뒤, 억지로 글을 읽게 만든다. "싫은데요?"라며 거부 의
사를 밝혀도 소용없다. 당당히 "그 커피 누가 샀지?"라고 질문
을 던지면, 고개를 떨구고 묵묵히 글을 읽는다. 첫 번째 독자가
'피식' 웃으면 합격이다. 이제야 마음이 조금 놓인다. 1차 검열
이 끝나면 담당 편집자에게 카톡을 보낸다. 이 여성은 30대 중
반 미혼으로 초고 확인을 담당한다. 나와는 촌수가 가까워서
따로 돈이 들지는 않는다. 개인 편집자나 다름없는 하나뿐인
여동생은 오빠와는 성향이 많이 다르다. 하루도 쉬지 않고 음
주와 가무를 즐기느라 늘 바쁘다. 매일 반복되는 숙취와의 전
쟁으로 인해 독서할 시간이 없다. 2차 검열은 1년에 책을 1권도
읽지 않는 비독서인 여동생에게 부탁한다. 통과 난도가 '상'이
다. 1차에 이어 2차까지 '오케이' 사인을 받고 나면 자신감이 확
붙는다. 오빠에게 독설을 아무렇지 않게 날리는 여동생이 재밌
다고 하면 진짜 재밌는 거다. 흐뭇함도 잠시, 이제는 손에 땀을
쥐게 하는 마지막 관문만이 남는다.

"천재작가에게는 특별한 파트너가 한 명 있다."

30대 후반의 기혼 여성이다. 자존감이 높고, 취미로는 발레를 즐긴다. 전직 문학소녀답게 초등학생 때부터 꾸준히 다독을 실천하고 있다. 특히, 영어영문학과 재학 시절에는 문학작품을 많이 읽었다. 에세이를 출간하는데 이 여성의 공이 가장 컸다. 공로를 인정하여 공무 중에는 '편집장님'이라고 호칭한다. 10년 전부터 그녀와 동거를 시작해서, 지금은 슬하에 유치원생 딸이 한 명 있다. 베스트셀러 작가를 꿈꾸는 나의 바람과는 다르게, 아내는 내가 글쓰기를 취미로만 간직하길 바란다. 매일 피곤하다면서 눈이 벌게진 채 전투적으로 글을 쓰고 있기 때문이다. 함께 사는 배우자 입장에서는 속이 터지는 게 당연하다. 유치원생 딸아이도 "아빠, 그만하고 나랑 놀자"를 녹음기처럼 반복하며 아내의 편을 든다. 베스트셀러 작가가 코앞인데 모녀의 지원이 시큰둥하다. 기운이 쏙 빠진다. 부족한 에너지는 진통제를 삼키며 보충한다. 아쉬워도 어쩔 수 없다. 써놓은 원고가 있으니 내가 을(乙)이다. 아내의 의견을 듣기 위해 자존심을 잠시 버려두고 자세를 최대한 낮춘다.

"천재작가는 퇴근 후,
지혜의 여신 아테나(Athena)를 만나러 간다."

귀가 전, 자존심을 현관문 밖에 잠시 보관하고 집 안으로 들어간다. 마지막 검열을 진행하기 위해서다. 3차 관문은 통과보다 시작이 더 어렵다. 도도한 편집장은 여동생처럼 쉽게 글을 읽어주지 않는다. 기분이 좋을 때나 여유가 넘칠 때만 제안을 수용한다. 그마저도 하루에 딱 한 편만 가능하다. 능력이 뛰어나고 대체자가 없으니 을이 맞춘다. 더욱이 아내는 그 누구보다 냉정하게 내 글을 읽고 판단하는 사람이다. 좋은 글에는 눈물을 보이고, 어처구니없는 글에는 헛웃음을 짓는다. "일기 쓴 거지?"라는 독설(?)도 서슴지 않는다. 피드백이 명확하다. 좋은 기회를 놓칠 수는 없으니 눈치를 살피며 때를 기다린다. 마지막 관문답게 통과 난도도 '최상'이다. 주변 사람들은 다 재밌다고 하는데, 가장 가까운 0촌 편집장이 시큰둥할 때가 있다. "이런 글 쓸 시간 있으면 차라리 잠이나 더 자"라는 말을 거리낌없이 꺼내며 작가의 가슴을 후빈다.

　"서운함은 종종 부부싸움으로도 이어진다."

　애정 어린 조언임을 알지만 듣고 견디는 게 생각보다 버겁다. 작가가 되는 길은 역시나 멀고도 험하다. 원고를 빨리 정리하고 싶은 욕심에 무리해서 퇴고를 진행하다 여러 번 봉변을 당했다. 출판사에 투고한 원고가 거절당한 뒤, 편집장이 고개를 갸우뚱했던 여섯 편을 전부 다 지우고 새로 썼다. 수정 이후 거짓말처럼 원고가 채택되어 출판계약서에 서명을 남겼다. 지나고 나서 보니 남편의 꿈을 이루는데 아내의 지분이 가장 컸다. 다시없을 귀인이고, 천생연분이 분명하다. 특별한 공로를 인정하여 호칭을 '편집장'에서 '여신'으로 승격했다. 이제는 초고 검토를 부탁할 때 공손하게 '아테나님'이라고 부른다.

"〈무명작가 에세이 출간기〉 초고를 확인한 아내는
충격을 받은 듯했다."

만취한 남편이 옆집 현관문을 두드리며 "문 열어!" 하고 소리치는 것을 목격한 아내처럼 한숨을 크게 내쉰다. 한심한 눈빛으로 오만방자한 문체를 끊임없이 지적한다. 억울함도 잠시, 과거를 떠올리니 고민이 늘어난다. 아내 의견이 틀린 적은 단 한 번도 없었다. 초고에 숨결을 불어넣어 출간의 기적을 완성한 '지혜의 여신'이다. 그녀의 말을 무시할 수는 없다. 믿지 못하겠지만 필자가 출판사에 투고한 원고는 핫팩처럼 온기가 가득하다. 중간중간 독자의 눈물샘도 자극한다. 천재작가 콘셉트와는 색이 완전히 다르다. 아내는 내가 왜 격이 떨어지는 글을 쓰고 싶어 하는지 이해하지 못한다. 나는 그런 아내를 이해하지 못한다. 좋은 글도 읽혀야 보배다. 동상이몽(同牀異夢)이다. 속상함을 간직하고 삼일 밤낮을 고민하다 보니, 결국 '이거다' 하는 답이 나온다.

"천재작가의 필명은 이렇게 탄생한다."

아내 말대로 고마운 출판사에 누를 끼칠 수는 없다. 본명이 아닌 필명으로 활동하며 반응을 살피기로 한다. 필명에는 '천 번을 쓰고 지우며 재미있는 문장을 완성하는 작가'라는 설명을 붙여 겸손함을 더하고, 화룡점정(畵龍點睛)을 찍는다. 바로 '페르소나'다. 에피소드 〈시급 천 원, 천재작가〉의 첫 문단은 이렇게 세상에 나왔다. 비빔밥에 참기름 같은 존재로 역할을 잘한 듯하다. 겸손한 시작이 없었다면 지금과 같은 성과도 없었을 게 분명하다.

"크고 작은 서점들의 부도 소식이 이어진다."

사람들이 점점 더 책을 안 읽는다. 이러한 시대 흐름 속에서, 글을 써서 타인의 감정을 건드리고 커다란 울림을 주는 게 결코 쉬운 일은 아니다. 나의 글이 누군가에게 상처가 되지는 않을지, 전후 사정을 모르고 읽어도 재미있을지, 더 나은 결론은 없을지 등 초고를 다방면으로 검토하며 객관적으로 살펴보아야 한다. 세상 모든 일이 그렇겠지만, 글에서 방향은 노력만큼이나 중요하다. 잘못된 길로 들어섰을 때 "거기 아니야"라고 말해줄 사람은 반드시 필요하다.

"삼일 전에 있었던 일이다."

퇴근 후 딸아이가 좋아하는 고등어를 굽다가 손목에 기름이 튀었다. "으악~!" 퇴고보다 더한 고통이 순식간에 통각(痛覺)을 지배한다. 통증을 최소화하기 위해 아이스팩을 가져다 대도 소용이 없다. 하지만 뜨거운 기름도 작가의 열정을 이기지는 못한다. 아픈 와중에도 머릿속은 온통 원고 생각뿐이다. 지금 얼음찜질이 중요한 게 아니다. 눈치를 살피며 묵묵히 식사를 마친 뒤, 아내에게 조심스레 말을 꺼낸다.

"아테나님, 설거지 내가 할게 글 좀 봐줄 수 있어?"

거절할 수 없는 제안이다. 아내도 흔쾌히 수용한다. 그렇게 이 글은 탄생했다. 당신은 지금 1cm 흉터와 맞바꾼 소중한 글을 읽고 있다. 눈물 없이는 볼 수 없을 만큼 짠하지 않은가?

'♡'는 후○딘이 되어 상처 치유를 돕는다. 잊지 말고 누르길 바란다. 물론 '댓글'까지 더해지면 효과가 더 좋다.

"출간을 꿈꾼다면 작가 가슴에 상처를 남길 수 있는
파트너를 찾아라."

벌써 여럿 있다면 크게 기뻐하라. 당신은 행운아가 분명하
다. 자존심을 버리고, 물질로 끊임없이 유혹하며 그들을 단단
히 붙잡아 두어라. 작가가 되는 지름길이다. 지혜의 여신 아테
나가 입김을 불어 넣어 무명작가의 글은 비로소 생명을 얻었
다. 초고는 반드시 타인의 시선을 거치는 과정이 필요하다. 만
약 독설을 아끼지 않는 사람이 주변에 없다면 얼른 지갑부터
열어라. 설거지와 청소, 빨래, 회사 업무를 자청하며 기회를 얻
어라. 많은 사람의 눈이 초고를 거칠수록 원고의 완성도는 더
높아진다. 거칠고 투박한 원석이 빛나는 다이아몬드가 되어 반
짝반짝 빛날 수 있다.

"꿈을 이루는데 그깟 자존심이 대수인가?
초고를 완성하고 나면 당장 부엌에 달려가서
고무장갑부터 껴라."

구독자 급등의 비밀

"다시 또 기적이 일어났다."

브런치에 혜성처럼 등장한 '천재작가'에 대한 반응이 가히 폭발적이다. 등장 2주일 만에 구독자 수가 500명을 넘어섰다. 2023년 11월 29일 기준, 올라온 글은 5편뿐인데 '라이킷'은 무려 1,200개가 넘는다. 피드백에 인색한 독자들이 남긴 댓글 수도 상당하다. 자타 공인 만족스러운 결과다. 비결이 무엇일까? 독자들이 오만방자하기 짝이 없는 시건방진 문체에 매력을 느꼈을까? 아니다. 사연에 담긴 진정성 때문이다. 사람들은 꾸며 낸 이야기는 귀신같이 알아채고 떠난다. 그러니 제발 사실만을 이야기해라. 글에서는 팩트가 가장 중요하다. 감동적인 사실을 재미있게 쓴다? 게임 끝이다. 독자들의 엄지가 저절로 '♡'를 누른다.

"천재작가님 글은 가독성이 뛰어나요."

자주 듣는 칭찬이다. 의도한 바는 아니다. 지적 수준이 낮아 길게 쓸 역량이 부족한 탓이다. 사실 길게 쓰고 싶어도 못 쓴다. 짧게 쓰니 틀릴 일이 없고, 읽을 때도 편해서 좋다. 의도치 않은 단문에 타고난 흥이 더해지다 보니 리듬감 있는 문장이 완성될 뿐이다. 몸치의 한을 늦게나마 문자로 푼다. 초반부터 몰입한 독자들은 각자의 바운스에 따라 글자를 읽는다. 발바닥을 땅에 구르며 무의식중에 몸을 흔들다 보면, 튕겨나갈 타이밍을 놓친다. 결국 끝까지 다 읽는다. 무명작가의 글을 벌써 이만큼이나 읽었다. 이게 바로 단문의 힘이다. 많은 작가들이 단문을 강조하는 데는 이유가 다 있다. 믿고 따라라. 손해 볼 게 없다. 이왕 읽은 거 어깨를 들썩이며 끝까지 가 보자. 리듬을 타고 즐겁게 읽다 보면 금세 결말이다. 마지막 글자 뒤 작은 동그라미를 만날 때까지 고개를 계속 끄덕여 보자.

"천재작가는 꿈을 이루기 위해 꿈을 포기한다."

육아와 직장을 병행하며 글을 쓰는 게 쉬운 일은 아니다. 고민도 잠시, 어쩔 수 없는 선택을 한다. 가슴에 간직한 꿈을 현실로 만들기 위해 부족한 잠을 더 줄인다. 침대에서 꾸는 꿈을 포기하고, 현실에서 꿈을 이루기 위해 생각을 거듭하며 문장을 떠올린다. 틈만 나면 손가락을 움직인다. 물론 당신의 역할도 크다. '♡'는 연료가 되고, '댓글'은 영감이 되어 부족한 수면을 대신해 준다. 출간 계약을 했고, 다음 목표는 베스트셀러 작가다. 평소 눈을 뜨는 05시 30분, 모두가 잠든 시간에 회사에 도착한다. 추운 차 안에서 불편하게 앉아, 꿈을 이루기 위해 단팥빵을 삼키며 간절함을 글자로 표현한다.

"05시 30분, 당신은 어떤 꿈을 꾸고 있는지 묻고 싶다."

필자는 보통 에피소드 한 편당 열 시간 정도 할애한다. 흥겨운 자유 시간을 포기하고, 무급 노동을 자청하며 글을 쓴다. 보상으로는 원치 않는 흰머리와 영감을 얻는다. 어쩌다 글이 빵하고 터지면, 기쁨이 모든 고통을 이기며 잠시 천국을 맛본다. 직장 상사가 천사처럼 느껴지는 기적이 일어나고, "쿵! 쿵! 쿵!" 울리는 층간 소음은 음악이 되어 귀를 간지럽힌다. 이처럼 작가에게 글쓰기는 신이 주는 벌이자 축복이다. 피할 수 없는 길이라면 차라리 즐기는 게 더 낫다.

"독자가 즐거워야 작가도 즐겁다."

평생 들어보지 못한 '작가님'이란 호칭을 육성으로 듣고 있으니 입이 헤벌쭉 벌어진다. 피곤한지도 모르겠다. 지금도 겨우 네 시간 자고 일어나서 쓰고 있다. 다 여러분들 덕분이다. 응원이 이어지니 글 쓰는 게 더 즐겁다. 작가에게 즐겁게 쓸 권리가 있듯, 독자에게는 즐겁게 읽을 권리가 있다. 글은 취향이니 정답은 없다. 다만 글에 더해지는 리듬감은 치트키가 분명하다. 진심이 담긴 팩트에 흥겨운 리듬이 얹어지면 독자는 떠나지 못한다. 여기서 끝이 아니다. 글을 읽는 중에도 유혹은 끊임없이 이어진다. 즐거움이 계속돼야 끝까지 읽는다. 잊지 마라. 독자가 있어야 작가도 있다.

"쓰고 싶은 글은 일기장에 쓰고,
원고에는 사람들이 읽고 싶은 글만 써라."

타인을 위해 쓰는 글은 일기가 아니다. 읽는 사람 입장에서 생각하고 써야 한다. 다양한 앱과 웹의 유혹을 뿌리치고 온 귀한 손님들이다. 작가에게는 지식과 재미, 감동이 넘치는 글을 써서 독자를 즐겁게 해 줄 의무가 있다. 이 세 가지 중 어느 한 가지라도 빠지면 전달력이 떨어진다. 매력도 잃고, 독자도 잃는다. '워라밸(Work and Life Balance)'이 중요한 MZ세대 직원들에게 "오늘 회식이야, 메뉴는 김치찌개!" 하고, 하루도 빠짐없이 외치는 직장 상사나 다를 바 없다. 안 쓰느니만 못하다. 첫 문장에서 독자의 시선을 '확' 잡아끌고, 중간중간 무릎을 '탁' 치게 만든 뒤, 마지막에는 가슴에 '찡'한 무엇을 하나 남겨야 한다. 다 아는 이야기라고? 모든 일은 머리로는 쉽게 이해 가능하다. 다만 실천이 어려울 뿐이다. 그래서 지금 내 글을 읽고 있는 게 아닌가? 그렇다고 너무 상심하지 마라. 지극히 정상이다. 인간은 본디 의지가 약한 동물이다. 이 말에 고개를 끄덕이고 있는가? 딱 걸렸다. 반성해라. 핑계 댈 시간도 아깝다. 글을 쓰기 전에 간절함부터 채워라. 누군가의 가슴에 울림을 주기 위해서는 진심이 가장 중요하다. 다시 한번 강조한다.

"감동적인 사실을 재미있게 쓴다? 게임 끝이다.
독자들의 엄지가 저절로 '♡'를 누른다."

잠시 후, 당신의 엄지가 이를 증명한다.
♡

수포자의 행복
(feat. 출간 소식)

"어른들의 상식으로는 이해하기 힘든 수학이 있다."

천재작가는 수포자다. 수학을 포기하니 인생이 더 행복해진다. 비록 계산은 서툴지만 퇴근길은 늘 즐겁다. 현관 앞에서 반겨주는 아내와 딸 덕분이다. 오늘도 변함없이 일곱 살 딸아이가 "다다다다" 하고 달려와, "아빠~~" 하며 안긴다. 이산가족 상봉이 따로 없다. 볼에 뽀뽀를 정확히 세 번 하고 난 뒤, 유치원에서 배운 따끈따끈한 소식을 전한다.

"아빠, 1+1은 2가 아니래."

엥? 이건 또 무슨 소리지? 당황스럽지만 내색하지 않고 대화를 이어간다.

"응? 누가 그래?"

"제인이가 그랬어. 1+1은 2가 아니고 귀요미래."

헉! 이런 귀요미. 오늘도 아빠 눈에서는 꿀이 뚝뚝 떨어진다. 그렇다. 내게도 1+1은 2가 아니다. 한 남성과 한 여인이 만나 가정을 이루었으니 행복이 2인분이 되어야 맞는데 살아보니 아니다. 내게 있어 결혼생활은 2+α다. 혼자 살 때보다 두 배 이상의 행복감을 느낀다. 심지어 2+1은 더하다. 딸아이가 태어난 뒤로 가족은 세 명으로 늘었다. 이때부터는 더 이상 2+1이 3+α가 아니다. 이제 2+1은 내게 무한대나 마찬가지다. 이렇듯 행복이 차고 넘치다 보니, 좋은 것을 함께 나누고 싶은 마음이 든다. 천재작가가 펜을 든 첫 번째 이유다.

"에필로그로 사랑 고백하는 남자."

캬~! 상상만으로도 가슴이 막 벅차오른다. 역시 난 로맨틱한 남편이다. 아내에게 "자기야, 오빠가 책 출간해서 에필로그에 사랑 고백 남겨줄게"라고 말하며 뿌듯함을 느낀다. 아내의 반응은 예상과는 다르게 시큰둥하다. "자기야, 책에다 쓰지 말고 그냥 얼굴 보고 말해." 오늘따라 전직 문학소녀의 낭만이 부족하다. 전 국민이 읽는 책에 달달한 부부로 기록되는 기쁨을 전혀 기대하지 않는다. "그냥, 평상시에 사랑한다고 자주 얘기해 줘"라는 말까지 덧붙인다. 남아일언중천금이다. 굴하지 않고 에필로그로 사랑을 고백하겠다고 고집하니, 참다못한 아내가 일침을 가한다. "자기는 에필로그로 사랑 고백하는 자기 모습을 좋아하는 거 같아"라고 말한다. 헉! 순간 머릿속이 멍해진다. 냉정하게 생각해 본다. 그래, 여자의 마음은 갈대다. 말은 이렇게 하지만 막상 에필로그를 읽으면 눈물을 뚝뚝 흘릴 게 분명하다. 종이의 질감은 언제나 낭만을 더해준다. 나는 작가다. 할 수 있다. 아자아자! 천재작가가 펜을 든 두 번째 이유다.

"자기야, 사고 싶은 가방 있지?
오빠가 베스트셀러 작가 되면
백화점 가서 다 사줄게. 조금만 더 기다려."

천재작가는 기회만 주어지면 백화점을 외친다. 인세를 받아 아내에게 값비싼 선물을 사주고 싶은 이유는 무엇일까? 수입이 부족해서? 아니다. 남편의 꿈을 이뤄 주기 위해 묵묵히 도움을 주는 배우자에게 작은 보답이라도 하고 싶은 마음에서다. 어차피 출간의 목적은 돈이 아니다. 어린 딸이 나중에 커서 "내가 엄마 아빠한테 이렇게 사랑받고 자랐구나"라는 사실을 알게 되는 것만으로도 충분한 보상이 된다. 고로, 인세는 고생한 아내에게 양보하는 게 맞다.

"하루 세 시간, 337일. 무려 1,000시간이다."

글을 쓰고, 퇴고를 거듭하는 게 쉬운 일이 아니다. 누군가의 희생이 필요하고, 부업 작가에게는 희생하는 대상이 가족인 경우가 대부분이다. 천재작가도 마찬가지다. 퇴근 후 전속력으로 달려와 "아빠~" 하고 소리치며 안기는 딸아이와 함께 노는 시간을 줄여가며 글을 쓴다. 어린 딸이 살아갈 세상이 0.001도 만이라도 더 따스해지길 바라는 마음에서다. 이렇게 힘들게 완성한 원고가 예쁜 옷을 입고 드디어 세상에 나온다.

"출간된 책은 '도서출판 지성사'에서 기획한
〈또 다른 일상 이야기〉의 8번째 시리즈물이다."

수포자인 천재작가의 유전자를 물려받은 딸아이의 앞날도 걱정이다. 얼마 전, 세뱃돈을 받은 어린 딸의 계산 방식이 남다르기 때문이다. 할머니에게 받은 5만 원 권 지폐 2장보다 고모에게 받은 1만 원 권 지폐 5장을 더 높이 친다. 흑흑. 딸에게는 역시 아빠의 피가 흐른다.

"세상이 인정하는 수학으로는
절대 이해할 수 없는 게 하나 더 있다."

바로 책값이다. 돈을 투자해서 시간을 소비한다. 지극히 비합리적인 행위가 분명하다. 그러나 훗날 책에서 얻은 감동과 여운은 삶을 더 빛나게 만든다. 값으로는 절대 매길 수 없다. 천재작가의 〈무명작가 에세이 출간기〉가 당신에게 출간의 꿈을 키워주었다면, 작가 류귀복의 《나는 행복을 촬영하는 방사선사입니다》는 당신의 삶에 행복을 더해 주리라 믿는다. 책은 "당신은 지금 잘 지내고 계시나요?"라는 질문으로 시작한다. 저자 소개 중 일부를 공개하며 오늘 이야기를 마친다.

투뿔 한우 회식보다 집에서 아내와 함께 먹는 라면을 더 선호하고, 햇살 좋은 주말에는 바람을 가르며 모터사이클을 타는 대신 어린 딸의 네발자전거를 땀나도록 밀어주며 스트레스를 푼다.

진심이다. 내게 가족보다 소중한 건 아무것도 없다. 당신도 책을 읽으며 숫자로는 절대 이해할 수 없는 일상의 행복을 한가득 느껴보길 바란다. 고마움은 미리 전한다.

두둥! 천재작가의 책을 만날 시간이다. 구입이 부담되면 지역 도서관에 신청하는 것도 근사한 방법이다. 5G 세상답게 인터넷으로 가입하고 신청까지 하는데 5분도 채 안 걸린다. 이참에 도전해 보는 것도 좋을 듯하다.

"아니, 독자님! 직접 구입도 하고
도서관에 희망도서 신청까지 해주신다고요?"

당신은 귀인이 분명하다. 하늘이 돕지 않으면 내가 출판사를 차려서라도 책을 내주고 싶다. 눈에서 생긴 하트가 화면을 뚫고 날아간다. 아무튼, 기대되는 내일임은 분명하다. 이제 곧 봄이다. 나들이하기 좋은 날씨다. 꽃단장하고, 서점에서 만나자. 제발. (^.~)

매거진 연재 후일담 :
초대장이 될 것인가 스팸이 될 것인가

브런치에 수시로 올라오는 수많은 출간기와 신간 홍보 글이 인기를 끌지 못하고 조용히 묻힌다. 출간 소식을 듣고 응원하는 마음으로 달려가서 글을 읽으면 땅이 꺼져라 한숨부터 나온다. 출간 이력이 있는 필자도 읽기 거북한 자기자랑만 한가득인 글이 독자를 반기는 경우가 대부분이다. 어렵게 발걸음한 예비작가들의 기분이 어떨지 짐작이 간다. 카드 결제를 결심했다가도 마음을 돌려서 창을 닫을 게 불 보듯 뻔하다. 반면 유용한 글을 겸손하고 재미있게 쓰지만 구독자 수가 적은 작가도 있다. 이 또한 안타깝기는 매한가지다. 글은 있는데 정작 중요한 독자가 없다. 작가는 출간과 동시에 마케터인데 본분을 잊고 양반처럼 편하게 앉아 자리를 지킨다. 독자가 찾아와 읽어

주기만을 기다리지만 현실은 녹록지 않다. 하루, 이틀, 사흘, 나흘, 일주일이 지나도록 아무런 변화가 없다. 이쯤 되니 출간이 전쟁이면 홍보는 지옥이 분명하다.

가만히 앉아서 라이킷과 댓글도 나누어 주지 않으면서 책을 구입해 주기를 바라는 건 과한 욕심이다. 필자는 간과 쓸개도 전부 내어 줄 각오로 브런치를 시작했고, 손가락에 지문이 닳도록 지금도 열심히 마실을 다닌다. 책이 독자를 만날 가능성을 0.1%만이라도 더 높일 수 있다면 댓글과 라이킷은 기본이고 구독도 아낌없이 나누어 준다. 1년 중 364일은 자존심보다 관심을 지키는 게 우선이다. 말처럼 행동이 쉽지만은 않겠지만, 그럼에도 꼭 해야만 한다. 바쁜 와중에 책을 펼치고 이 먼 곳까지 달려온 독자라면 의지는 충분하다고 본다. 부디 멀리 보고 소통에 집중하길 바란다.

브런치는 인기 작가의 신간 알림 글에도 댓글 창이 침묵을 지킬 때가 허다하다. 이때만큼은 만 명이 넘는 구독자를 가진 이력도 딱히 힘을 쓰지는 못한다. 서평이나 사인 도서 증정 이벤트 정도는 해야 댓글이 젖 먹던 힘까지 쥐어 짜내 겨우 두 자릿수로 올라간다. 아니나 다를까 작가의 간절한 바람과는 다르게 판매 실적이 저조한 경우가 많다. 브런치는 구독자 수에 허수가 많을수록 댓글 창이 더 조용하다. 구독자 수는 만 명이 넘지만 현재 활동하는 인원은 천 명 이하인 작가가 있을 정도다. 수년 전에 구독을 누르고 더 이상 브런치를 하지 않는 독자들은 숫자만 채우지 딱히 역할은 없다. 맞구독은 이런 면에서도 유리하다. 브런치에 글을 쓰는 작가들은 일반 독자들보다 활동을 더 왕성히 한다. 자연스레 잠수를 타는 비율도 훨씬 적다. 때로는 눈에 보이는 숫자보다 보이지 않는 게 더 중요할 때가 있다.

　필자가 첫 책을 출간했을 시점에는 구독자가 2천 명 수준이었다. 4개월간 모집된 인원이었음에도 당시 활동 인원은 80% 수준으로 추측한다. SNS 특성상 잠수를 택하는 인구가 꽤 많다. 고로, 도서 홍보가 목적이라면 출간 직전이 가장 큰 기회다. 이때의 집중 활동이 성패 여부를 가른다. 여러 작가들이 출간을 한 달여 앞두고 관심작가 수를 급격히 늘리며 구독자를 빠르게 늘리는 이유가 여기에 있다. 필자는 어땠을까? 다행히 기대 이상의 성과를 얻었다. 출간 이후에도 꾸준히 구독자를 늘린 덕분에 200명 이상이 도서 구입과 도서관에 희망도서 신청을 하며 응원을 보내주었다. 딸그림아빠글 작가를 필두로 자발적인 서평 릴레이를 진행하며 일인 다역을 수행해 준 고마운 작가들이 많았고, 꽃보다 예쁜 여자 작가처럼 브런치와 함께 경쟁사 블로그에까지 홍보 글을 남겨준 작가들도 있었다. 기대 이상의 성과는 모두 관심작가의 힘이라고 본다. 무엇이든지 함께 나눌 때 결과가 더 좋다. 진심은 결국 통하는 법이다.

혹시 나도 작가가 될 수 있지 않을까?

단언컨대 브런치 작가 중 열에 아홉은 위와 같은 희망을 품고 지낸다. 글이 모여 책으로 엮이는 바람을 안고 부지런히 글을 쓴다. 겉으로 표현하지 않더라도 가슴 깊은 곳에서는 출간이라는 꿈이 상시 꿈틀거린다. 이왕이면 폼 나게 기획출판으로 계약서에 서명을 남기길 원한다. 무명작가의 출간기가 단 한 번의 메인 노출도 없이 엄청난 인기를 끌었던 이유가 바로 여기에 있다. '예비작가'라는 핵심 타깃 독자 선정이 큰 역할을 했다. 브런치 작가라면 누구나 눈길이 쏠리는 주제를 선택한 덕을 톡톡히 봤다.

극소수의 작가들을 제외하고는 글 한 편당 구독자가 100명 넘게 늘어나는 이례적인 증가는 저절로 일어나지 않는다. 부지런히 라이킷을 누르며 스스로를 알리려는 노력이 필요하다. 초대장과 스팸은 어쩌면 한 끗 차이다. 필자는 출간 과정이 담긴 연재 글 자체가 최고의 선물이 될 수 있도록 본문 작성에 온 정성을 쏟았다. 유용한 정보를 담은 글이 재미있게 읽히고, 더 나아가 독자 스스로 도전하고자 하는 의지가 샘솟게 하는 것을 목표로 삼았다. 귀한 시간을 내어 방문한 독자들이 글을 읽고 가슴에 담아 가는 게 있을 수 있도록 고민을 거듭했다. 소중한 라이킷이 스팸이 되지 않길 바라며 예비작가들에게 도움이 되는 글만 남겼다.

출간 소식을 전할 때도 마찬가지다. 진심을 가득 담은 감사 인사는 기본이고 작은 마음이라도 함께 나누고자 노력했다. 책 소개 글 하단에 "정성스레 모은 150개 출판사의 투고 연락처를 원하시는 분들에게 보내드리겠습니다"라고도 밝혔다. 살면서 계속 느끼지만 베풀고자 하면 도리어 더 큰 게 돌아온다. 인생이 늘 그렇다. 이후 제안하기로 목록을 요청해 온 작가가 6명 있었고, 출간까지 이어진 경우도 있었다. 더 나아가 살랑하늘(배승아) 작가로부터는 《예민한 사람들을 위한 연애 심리학》 책의 추천사도 의뢰받았다. 고마운 마음에 새벽잠을 줄이고 정성껏 작성해서 전달했다. "함께 가야 멀리 간다"라는 말을 믿기 때문이다. 이 책을 읽고 있는 독자들도 내겐 가족만큼이나 소중하다. 필자의 제안하기는 언제나 활짝 열려 있으니 필요한 경우에는 언제든지 연락해도 좋다.

브런치만큼 독서 인구 비율이 높은 플랫폼을 찾기도 힘들다. 끈끈한 관계가 형성된 동료 작가들은 책 구입은 물론이고 도서관에 희망도서를 신청해 주면서 도움을 준다. 더 나아가 주변 홍보에도 앞장을 선다. 작가와 독자로서 이보다 더 좋은 관계가 있을까 싶다. 그럼에도 다수의 브런치 작가들이 홀로 기분에 취해서 중요한 시기를 놓친다. 독자가 왕인데 왕관을 뺏어 본인이 쓰기 바쁘다. 이러한 상황을 마주할 때마다 매번 안타까움을 느낀다.

이 책을 읽은 여러분은 독자가 있어야 작가가 있음을 꼭 기억하고 브런치를 관리했으면 한다. 먼저 베푼다는 각오로 나눔을 실천하다 보면 눈부신 미래가 당신을 맞이하리라 확신한다.

필자는 브런치 덕분에 여러분을 만났다. 다음 출간기의 주인공은 당신이 되길 바라며, 벗어 놓은 천재작가의 페르소나를 당신에게 건넨다.

PART 005

라이킷을 많이 받는 글은 무엇이 다른가

인티제의 사랑법

사람들은 누구나 저마다의 아픔과 슬픔을 각자의 가슴에 새기며 살아간다. 괴로움은 인간의 노력으로는 피해 갈 수 없는 영역이기 때문이다. 필자도 마찬가지다. 30대 초반, 예고도 없이 찾아온 강직성 척추염이라는 예민한 친구를 만나 기나긴 동행을 시작했다. 이후 돌멩이를 삼키는 것만큼이나 끔찍한 고통이 수시로 찾아왔다. 35층 거실 창문을 열고 밖으로 나가 잠시 하늘을 나는 상상을 할 만큼 몸이 아팠다. 극심한 통증은 마음의 병으로도 이어졌다. 주사 치료를 기본으로 진통제와 항우울증제를 복용하며 견뎠다. 다행히 시간이 약이 되어 슬픔의 강도를 낮출 수 있었다. 아프지 않을 수 없는 현실을 받아들인 후, '잘 지낸다'의 기준치를 조금 낮추고 나니 세상이 다르게 보이기 시작했다. 이제는 하루를 보다 풍성하게 음미하며 작은 것에서도 감사함을 느낀다. 아내와 딸의 미소를 보며 이승에서도 종종 천국을 맛본다. 몸이 아프고 힘들어도 꿋꿋하게 일상을 지키며 살아간다.

한 주에 한 번씩 대학병원 외래주사실에 방문해서 주삿바늘을 살에 찌르고 비타민처럼 진통제를 수시로 복용하지만, 매일 밤 세상을 밝히는 밝은 달을 보며 잠들 수 있음에 늘 감사한다. 활짝 핀 한 송이 꽃을 선물하면 꽃보다 더 아름다운 미소로 화답하는 아내가 있고, 손가락으로 몸을 살짝만 간지럽혀도 세상 모든 것을 다 가진 듯 깔깔거리며 웃는 소중한 딸아이가 있다. 그렇다. 내게는 더 이상 평범한 일상은 없다. 숨을 쉬며 살아가는 오늘이 엄청난 선물이었음을 깨닫는다. 이후 담담하게 적어 내려간 원고가 눈 밝은 출판인을 만난 덕분에, 평균 이하의 체력으로 평균 이상의 행복감을 느끼는 한 가장의 이야기가 책으로 엮일 기회를 얻었다. 전작 《나는 행복을 촬영하는 방사선사입니다》는 이러한 과정을 거쳐 탄생했다.

딸아이가 살아갈 세상의 온도를 0.001도 만이라도 높일 수 있길 소망하며 쓴 글이 많은 독자들에게 읽히길 바랐다. 독한 각오로 브런치를 시작했고, 〈무명작가 에세이 출간기〉의 성공으로 예상보다 많은 독자들이 책을 읽었다. 감사함도 잠시, 인간의 욕심은 끝을 확인하기가 어렵다. 브런치 작가들 외에 일반인 독자들에게도 '작가 류귀복'이라는 존재를 알리며 책을 홍보하기 위해 〈인티제의 사랑법〉 브런치북 연재를 결심했다. 겸사겸사 동료 작가들에게는 댓글로 감사 인사를 전할 계획까지 세웠다. 모든 게 완벽했으나 딱 한 가지 마음에 걸리는 게 있었다. 바로 응원 댓글이다. 브런치를 하면서 관계에 돈이 오가는 응원하기는 절대로 열고 싶지 않았다.

사람과 사람 사이는 돈이 엮이는 순간 파국이다. 직업이나 나이에 상관없이 관계에 돈이 더해지면 좋을 게 없다. 필자는 아무리 가까운 지인이라도 십만 원 이상은 빌려 주지도 빌리지도 않는다. 그럼에도 직장에서는 부득이 만 원 단위의 소액을 빌려야 할 때가 있다. 그 상황이 오면 스마트폰 알람을 세팅하고 포스트잇에 내용을 써서 모니터 하단에 즉시 붙인다. 연이율 20.0% 법정최고금리 대출보다 더 무겁게 여기고, 익일 출근과 동시에 바로 갚는다. 하루치 이자로 커피도 한 잔 산다. 가치관이 이렇다 보니, 글쓰기 분야 크리에이터에 선정되었을 때도 묵묵히 한 길을 고집했다. 독자들에게 응원 댓글을 받는 응원하기를 사용할 권한이 생겼지만 열지 않았다. 지금은 인생에서 가장 잘한 선택 중 하나라고 자부한다. 4개월간 〈무명작가

에세이 출간기〉를 즐겁게 읽어 준 독자들이 책을 구입하는 것으로 보답해 주었기 때문이다. 내게는 이보다 더 아름다운 결말이 있을 수 없다.

아쉽지만 인생은 뜻대로만 흐르지 않는다. 브런치북 연재를 준비하면서 오랜 고집을 꺾었다. 개인 브런치가 없는 일반인 독자들에게 책을 홍보하려면, 브런치 메인 최상단에 오르는 게 필요했다. 책표지가 목 좋은 곳을 차지하기 위해서는 응원 댓글이 필수였다. 고민 끝에 이를 꽉 깨물고 응원하기를 열었다. 연휴 전날 야근을 넘어 직장 내 장기자랑만큼이나 싫었지만, 큰 그림을 그리며 자본주의 앞에 무릎을 꿇었다. 그날 밤, "제발 제 책을 읽은 독자들은 응원금을 남기지 않게 해 주세요" 하고 신에게 기도했다. 책을 읽고 서평을 남겨준 귀한 동료 작가들에게는 갚아야 할 게 이미 너무 많았다. 더 이상의 은혜를 받는 건 내게는 큰 부담이었다.

필자가 믿는 자비로운 신은 때때로 바람과는 완전히 다른 결말을 만들어 낸다. 응원 댓글 36개 중 34개의 주인들이 모두 같은 책을 읽었다. 저자명에 류귀복이 적힌 지성사에서 출간한 에세이다. 심지어 한 사람이 응원금을 여러 번 남긴 경우도 있다. 예상치 못한 결과를 접하고 나니 고마움과 부담감이 섞이며 머릿속이 복잡해진다. 보내준 응원의 의미를 잘 알기에 더 열심히 책을 홍보하며 은혜를 갚기로 결심했다. 이 모든 게 다 철저한 신의 계획이었을까? 수만 명 독자들의 관심과 함께 댓글 창에서 빛을 발하는 응원 댓글들에 힘입어 목표한 바가 이루어졌다. 〈인티제의 사랑법〉을 연재하는 3개월 동안 브런치 최상단 메인에 책표지가 수시로 오르는 영광을 얻었다.

저자의 인지도는 책 판매로도 이어졌다. 8만을 바라보는 조회수를 기록하며 책이 꾸준히 홍보된 덕분에 바닥으로 내려갔던 서점 판매지수가 다시 숫자를 높였다. 교보문고 주간베스트 순위권에도 넉 달 만에 다시 이름을 올렸고, 일주일 넘게 왕관을 쓰고 자리를 지켰다.

감사의 의미로, 이번 장에서는 연재 성공에 큰 기여를 한 비결을 하나 공개하고자 한다. 필자는 독자 참여를 유도하기 위해 매주 글 하단에 '비하인드 스토리'를 추가했다. 주제와 연결되는 짧은 글만 읽어도 미소 지으며 댓글을 적을 수 있도록 유도했고, 결과는 대성공이었다. 바쁜 독자 입장에서도 필요에 따라 마지막 부분만 읽고도 흔적을 남길 수 있으니 모두에게 좋은 방식이 분명했다. 무릇 사람과 사람은 정으로 엮이는 게 최고다.

때로는 미치도록 하기 싫은 일에 도전할 때 놀라운 일이 일어나기도 한다. 이 책도 마찬가지다. 응원하기를 여는 작은 변화 덕분에 출간에 성공할 수 있었다. 부담이 될 줄 알았던 응원금도 정이 되어 관계를 돈독히 하는 계기가 되었고, 첫 발을 떼는 용기가 더 나은 미래로 이어짐을 확인했다. 더불어 품앗이 성격을 띠는 지인들의 응원이 아닌 독자들로부터 순수한 응원을 받은 것에 대해 작가로서 큰 자부심도 느꼈다.

필자에게 눈부신 기회를 안겨준 브런치북 연재가 당신의 삶도 변화시키길 기대하며, 〈인티제의 사랑법〉 중 네 편을 선별해서 본문에 실었다. 즐겁게 읽는 동안 머릿속이 바빠지고, 움츠리고 있던 영감이 밖으로 나와 새로운 여정을 시작하길 바란다. 당신의 삶도 언젠가는 멋진 글이 되길 소망하며 첫 번째 이야기를 시작한다.

최악의 남친,
괜찮은 남편

─────────────
─────────────
─────────────
─────────────
─────────────
─────────────   *ℓn*

※ 경고 : 달달한 사랑 이야기가 포함되어 있음

이 연재는 미혼 남녀에게 유독 위험하다. "연애는 필수, 결혼은 선택"이라는 마음가짐이 심하게 요동칠 수 있으며, 더 나아가 육아에까지 욕심이 생길 수 있다. 미리 경고하지만 완독 이후 나타나는 부작용(?)에 대해서는 책임지지 않는다. 간혹 이 글이 '결혼'이나 '출산'으로 이어지는 경우, 도의적 차원에서 작은 보상만을 제공한다. 마음을 담은 에세이 한 권을 전달한다. 선물용 도서는 2024년 봄, 브런치를 뜨겁게 달군《나는 행복을 촬영하는 방사선사입니다》저자 사인본이다. 다음 책 베스트셀러 14주(2024년 6월 7일, 브런치 발행일 기준)를 기록 중인

따끈따끈한 책이다. 맨 아래 '♡'를 누르거나 '댓글'을 남기면 자동으로 참가 자격이 주어진다. 여기까지 읽었으니 주의사항에 동의한 것으로 간주하고, 오리엔테이션을 시작한다. 부디 "이 자식 뭐야?"로 시작해서 유쾌한 매력에 흠뻑 빠져드는 흥겨운 여정이 되길 바란다.

○ 외향성 내향성 중 I(내향성)
○ 직관형 감각형 중 N(직관형)
○ 사고형 감정형 중 T(사고형)
○ 판단형 인식형 중 J(판단형)

주인공 남성은 올해 마흔두 살 가장으로, MBTI는 INTJ(인티제)다. 책을 한 권 출간했지만 직업란에는 여전히 '방사선사'를 적는다. 출판시장이 불황이라 전업으로 글을 쓰는 게 어려워서 부득이 로또를 구입한다. 6개의 숫자를 모두 맞추는 기적이 일어나는 날부터는 직업란에 당당히 '작가'라고 적을 예정이다.

'인티제'는 매사에 철두철미하고 영특한 면모를 보이지만 함께보다는 혼자를 더 선호한다. 공감 능력이 부족하고, 본인 스스로 모든 문제를 해결하려는 성향 때문에 연애 상대로는 최악으로 꼽힌다. 인티제는 '공능제'(공감능력제로)라고도 한다. 여기까지 읽고도 머릿속에 그림이 그려지지 않는 독자들을 위해 예시를 하나 준비했다.

"자기야, 나 선영이 때문에 속상해."

"갑자기 왜?"

"약속 시간에 자꾸 늦게 나오거든. 나는 미리 와서 기다리는데 한두 번도 아니고 계속 그러니까 짜증 나."

"선영이도 무슨 일이 있었겠지. 이유는 물어봤어?"

삐~~~!! 이 정도로 분위기 파악 못하는 미련한 남성이 바로 인티제다. "속상했겠네. 아직도 많이 서운해?"처럼 공감이 우선되어야 할 상황에서 합리적인 해결을 하고자 나선다. 해결사를 자처하며 미움을 산다.

"다행히 인티제에게도 반전은 있다."

연애 상대로는 최악이지만 남편으로는 괜찮다. 자기 것은 끔찍하게 챙기는 유별난 특성 때문이다. 부부가 됨과 동시에 일심동체가 되어 아내를 제 몸처럼 아끼고 사랑한다. 부족한 공감 능력을 책임감으로 채우며 나름 행복하게 잘 산다. 그렇다. 내가 바로 주인공인 인티제다. 출간한 책을 읽은 독자들은 종종 나를 '사랑꾼'이라 표현하는데, 이 말은 반은 맞고 반은 틀리다. 손뼉도 마주쳐야 소리가 나듯, 좋은 아내를 만난 덕분에 사랑이 계속 피어나는 중이다. 그러니 인티제 남성들도 희망을 놓지 않았으면 좋겠다. 영혼의 단짝을 만나는 순간, 당신의 삶에도 빛이 더해질 게 분명하다.

"해바라기가 해만 바라보듯,
인티제 남편은 아내만 바라본다."

12년 차 인티제 남편인 나는 퇴근길에 종종 꽃집에 들른다. 7천 원짜리 꽃 한 송이가 주는 기쁨을 만끽하기 위해서다. 향기 가득한 꽃을 들고 현관문을 여는 순간, 꽃을 보고 환하게 웃는 아내와 딸이 내게는 꽃보다 더 아름답다. 이처럼 지구상에 2퍼센트만 있는 소수 민족 인티제는 '겉차속따' 겉은 차갑지만 속은 따스한 사랑을 한다. 더 나아가 '최악의 남친'으로 꼽히는 인티제 남성에게는 결혼이 의미하는 바가 무척이나 크다. 흐린 하늘에 해가 떠오르는 것이나 마찬가지다. 태양처럼 빛나는 아내를 만난 후, 서서히 '괜찮은 남편'으로 변하기 때문이다.

"사랑하는 사람의 가장 젊은 날, 한 송이 예쁜 꽃을 선물해 보는 것은 어떨까? 경험해 보니, 특별할 것 없는 일상도 꽃이 더해지면 특별한 날이 된다. 물론 꽃이 다발이면 더 좋다."

선물한 한 송이 꽃 덕분인지(?) 발행 전 글을 읽은 아내가 적극적으로 의견을 피력한다.

"자기야, 제목을 〈최악의 남친, 최고의 남편〉으로 해서 라임을 맞추는 게 낫지 않을까?"

"음... 내가 최고의 남편은 아닌 거 같은데?"

3초 후.

"그렇지? 최고의 남편은 따로 있으니까. 그냥 괜찮은 남편으로 하자."

.

.

.

.

흑흑. 다음에는 꽃을 다발로 선물해야겠다.

묘비명을 자랑하는 남자

_____
_____
_____
_____
_____
_____ ℓℳ

"내일 지구가 멸망한다면 당신은 사과나무를 심을 것인가?"

나는 가족과 시간을 보낼 것이다. 아내의 갈색 눈동자를 오래도록 바라보고, 일곱 살 딸아이와는 거실에서 '무궁화 꽃이 피었습니다'를 백 번 정도 할 것이다. 이처럼 오늘이 삶의 마지막 날이라고 가정해 보면 행복은 멀리 있는 게 아님을 쉽게 깨달을 수 있다.

천사 같은 아내와
날개는 없지만 본인이 천사라고 굳게 믿는 딸이 있어
이승이 곧 천국이었던 남자.

내 묘비명이다. 얼마 전에 써서 아내에게 전했다. 쓰나미급 감동을 받은 배우자가 눈물을 뚝뚝 흘릴 거라 예상했지만 실패다. "자기 묻힐 땅이나 있어? 화장해야지"라는 현실적인 조언을 한다. 그렇다. 내게는 아직 묻힐 땅이 없다. 급히 노선을 수정하여 "그럼 화장하고 납골당에라도 넣어 줘. 유골함에라도 꼭 쓸 거야"라고 답한다. 아내가 황당한 표정으로 남편을 바라본다. 그렇다. 납골당 비용도 부담일 수 있으니 그때까지 부지런히 벌어야겠다. 자본주의 사회에서는 사랑꾼이 되는 게 쉬운 일이 아니다. 그러나 어쩌겠는가. 한 번뿐인 인생, 낭만 가득한 삶을 포기할 수는 없다.

　"어쨌든, 내 묘비명은 확실히 정했어!"

　용돈 인상 요구만큼이나 비장한 발언에 헛웃음을 짓던 아내의 표정이 슬그머니 바뀐다. 입꼬리의 위치가 백화점 명품 매장에서 커다란 쇼핑백을 들고나올 때와 정확히 일치한다. 곱씹어 생각할수록 남편이 정한 묘비명이 마음에 쏙 드는 눈치다. 말하길 잘했다는 생각이 든다. 어떻게 아냐고? 10년을 넘게 같이 살았다. 6년 반 연애까지 더하면 함께한 세월이 무려 20년에 가깝다. 이제 그 정도는 눈 감고도 안다. 잠시 후 현명한 아내는 "묘비명에 적을 생각 하지 말고, 우리 현재를 행복하게 살자"라고 덧붙인다. 맞는 말이다. 풀이 살짝 죽은 채로 "응, 그래" 하고 작은 목소리로 답한다. 이러나저러나 12년 차 부부는 오늘도 알콩달콩이다.

"사랑은 언제나 정(情)을 이긴다."

사랑꾼 남편의 선언 덕분에 30대 후반이 된 아내가 20대 초반에 보이던 상큼한 에너지를 저녁 내내 발산한다. 역시 "부부는 정으로 사는 거야"라는 말은 내게는 남의 이야기가 분명하다. 나는 매일 사랑으로 산다. 천사 같은 여인과 함께 있으니 거실이 늘 천국처럼 느껴진다. 당신도 이승에서 천국을 경험하길 원한다면, 사랑하는 사람을 천사라고 생각해 보자. 마음을 바꾸면 세상이 더욱 환해진다.

행복은 어제가 아니라 바로 오늘,
다른 곳이 아니라 바로 여기에 있는 것이다.

월트 휘트먼(Walt Whitman)이 남긴 말이다. 이 문장이 당신 가슴에도 볼드체로 진하게 새겨지길 바란다.
누구처럼? 나처럼.
아무튼, 묘비명마저 러브레터로 만들어 버리는 나란 남자. 가히 '인티제 사랑꾼'이라 불릴 만하다.

유난히 주의가 산만한 나는 커피를 종종 옷에 쏟는다. 그럴 때면 아내와 딸은 동시에 "괜찮아?" 하고 묻는다. 두 모녀의 다정한 걱정에 속상함도 잠시, "응, 괜찮아. 옷은 있다가 빨면 돼" 하고 답한다. 누가 봐도 언짢은 일이 발생했지만 입가에는 미소가 번지는 순간이다.

"인티제는 생존을 위해 진화가 필요하다."

며칠 후, 아내가 우아한 원피스를 입고 외출을 준비한다. '본능'을 이긴 '습관'이 "우와~! 예쁘다"라고 반응하며 숙주의 생명을 연장시킨다. 잠시 뒤, 카페에서 브런치를 즐기던 아내가 커피를 옷에 흘렸다. 일곱 살 딸아이는 평소처럼 "엄마, 괜찮아?" 하고 물었다. 그런데 이때, 남편이 잠깐 정신줄을 놓았다. 본능이 습관을 이기도록 내버려 둔다. 평소보다 두 배 더 커진 눈동자가 아내의 얼굴 대신 원피스로 향한다. 호들갑을 떨며, "조심하지. 얼마나 쏟았어?"라고 다그치듯 묻는다. 인티제 남편은 이렇게 또 스스로 무덤을 판다.

'공감'보다 '상황 파악'이 우선인 나란 남자. 묘비명을 미리 준비해 놓길 잘했다는 생각이 든다. 흑흑.

프러포즈가 꼭 필요한지
묻는 당신에게

남자들은 모른다. 몰라도 너무 모른다. 모르니 안 하고, 안 하니 혼난다. 억울한 일상이 끊임없이 반복되지만 딱히 개선할 의지조차 안 보인다. 노력해도 안 되기 때문이다. 결국, 남은 선택은 단 하나. 그렇게 많은 남성들이 '캔디'가 된다. 참고 참고 또 참는다. 상대방은 어떤가? 속이 부글부글 끓는다. 참사를 예방하고자 힌트를 줘도 못 알아들으니, 가슴 한편이 늘 체한 듯 답답하다. 콕 집어 말해봐야 소용이 없다. 악순환의 반복이다. 이러한 남성의 무지는 음악적 재능이 전무한 여성을 피아니스트로 만들기도 한다. 여기저기서 고운 손가락으로 도레미 ~~ 의 '미'를 계속 친다. 급기야 가수 손담비의 노래를 피아노로 연주하는 사람들까지 눈에 띈다.

"내가 미쳤어 정말 미쳤어 너무 미워서 떠나버렸어."

손담비가 부른 〈미쳤어〉의 가사가 당신의 아찔한 현실이 되지 않기를 바라며, 오늘 이야기를 시작한다.

"결혼 전에 프러포즈 꼭 해야 하나요?"

이 질문에 대한 여성들의 답변은 불 보듯 뻔하다. 십중팔구는 1초의 망설임도 없이 "당연하죠"라고 답한다. 그렇다면, 남성들의 반응은 어떨까? 아마도 십중 하나둘만 "그럼요"를 택할 가능성이 크다. 왜 이런 결과가 나오는지 궁금하지 않은가? 답은 간단하다. 몰라서 그런다. 그러니 마음을 비우고, 내 남자는 백지처럼 깨끗한 존재임을 빨리 인정하는 게 정신 건강에 좋다.

"남성은 여성이 어떻게 그리느냐에 따라 '작품'이 되기도 하고, '재활용'이 되기도 한다."

올해 초, 결혼을 앞둔 여직원 H가 다가와 기쁜 소식을 전할 때의 일이다. "선생님, 저 드디어 날 잡았어요. 축하해 주세요" 하고 말하는 그녀의 목소리가 평소보다 한 옥타브 더 높게 울려 퍼진다. 진심 어린 축하를 전한 뒤, 질문을 하나 건넨다.

"축하해요. 혹시 프러포즈는 받았어요?"

잠시 후, 답변을 준비하는 H의 동공이 좌우로 심하게 요동치는 게 보인다. 느낌이 안 좋다. "아니요"라고 대답하는 목소리의 톤이 한 옥타브 반 정도 낮아지더니 소리도 더 작아진다. 비상이다. 이쯤 되니 예비 신랑의 앞날이 걱정이다. 신랑과의 친분도 있으니 그냥 두고 볼 수가 없다. 구석에서 눈치를 살피던 '오지랖'이 신발 끈을 묶으며 서서히 출동을 준비한다.

프러포즈의 중요성을 인지하지 못하는 남성에게는 이벤트를 건너뛰었을 때 발생하는 참혹한 상황을 미리 알려 주는 게 효과적이다.

현장으로 가서 살펴 보자. 술집 문을 열고 들어서니 동성에게 청첩장을 전달받은 남성들의 반응이 한결같다. "축하해"라는 인사를 건넨 뒤 "웰컴 투 더 헬.", "너도 이제 끝이야.", "좋은 시절 다 갔네." 등의 다정한(?) 축하 인사가 이어진 후 술로 떡이 되기 바쁘다. 연애사가 등장할 틈이 없다. 반면 여성들은 어떨까? 여성이 동성에게 청첩장을 받으면, "축하해"라는 인사를 전한 뒤 어떤 말을 건넬까? 순서는 다르지만 빠지지 않고 등장하는 질문이 하나 있다. 그렇다. 당신이 예상하는 바로 그 질문이다.

"프러포즈는 받았어?"

이제 이해가 되는가? 인생에서 낭만은 옵션이고, 현실은 필수다. 프러포즈를 낭만의 범주로 착각하고 건너뛰면 큰코다친다. 프러포즈의 범주는 엄연한 현실이다. 예비신부가 예정된 질문에 속사포 랩으로 화려한 답변을 선보여도 부족한 판국에 묵언 수행에 정진하게 되면? 으아악~~~! 생각만으로도 신병교육대에 재입소해서 군복을 다시 입는 것만큼이나 끔찍하다.

"무슨 일이든 시작이 제일 중요하다."
결혼도 마찬가지다. 가장 빛나야 할 신부가 신랑 때문에 어두워지면 되겠는가. 프러포즈는 기본 중에 기본이다. 양말을 벗어서 빨래통에 넣는 것, 음식물 쓰레기는 남편이 버리는 것 등과 동급이라고 생각하면 편하다. 고로, 불상사를 사전에 예방하기 위해 여성은 남성에게 콕 집어서 언급하는 게 좋다.

"자기야, 나 프러포즈는 꼭 받고 싶어. 그래야 청첩장 전할 때 할 말이 있거든. 대답 못 하면 창피하잖아. 자기도 점수 깎이는 게 싫고. 이해하지? 여자들의 세계는 그래."
이 정도로 간곡히 부탁했는데도 "나는 싫은데?"라고 답을 하는 남성이 있다면, 신이 준 마지막 기회가 분명하다. 얼른 떠나라. 결혼 전에도 배려를 안 하는데 결혼 후에는 잘할까? 나는 '아니다'에 내가 쓴 책《나는 행복을 촬영하는 방사선사입니다》 열 권을 걸겠다.

"○○아(야), 나랑 결혼해 줄래?"

남성들이여, 위에 적힌 열 글자만 입 밖으로 내뱉으면 수십 년이 편해진다. 내 결혼, 친구 결혼, 매해 결혼기념일, TV에서 수시로 방영되는 고백 장면이 싸움의 불씨가 되지 않도록 꼭 이행하길 바란다. 물론 낭만까지 더해지면 더 좋다.

이렇게까지 설명했는데도 이해를 하지 못하는 사람이 있을 듯하여 실제 사례를 준비했다.

결혼을 앞둔 내게 유부남 5년 차인 K 전공의가 찾아와 "선생님, 프러포즈했어요?"라고 물었다. 당시 여자친구였던 아내도 내게 "나는 프러포즈 받아야 결혼할 거야"라고 분명히 선언했지만 나는 동의하지 않았다. 뼛속까지 인티제인 나는 프러포즈를 '허례허식'이라고 생각했기 때문이다. 그러나 다음 날도 그다음 날도 K 전공의는 나를 찾아와 같은 질문을 반복했다. '도대체 이 사람은 얼마나 근사하게 프러포즈를 했길래 나한테 이러는 거지?'라는 궁금함에 "선생님은 프러포즈 어떻게 했어요?"라고 물었다. 짧은 침묵이 흐르고 나서, 그가 천장을 바라보며 한숨을 깊게 내쉰 뒤 입을 열었다.

"저는 안 했어요. 그래서 지금까지 시달려요."

한 영혼을 구하기 위한 K 전공의의 부단한 노력 덕분에 나는 무사히 위기를 모면했다. 남산 가장 높은 곳에 올라 야경을 감상하며 추억을 남겼다. 상공을 회전하는 레스토랑에서 디저트로 나오는 케이크에 새겨진 "Will you marry me?"라는 문구는 천국의 입장권이 되었다. 그 사건 이후 K의 신분은 내게 귀인으로 상승했고, 이제는 나도 누군가의 귀인이 되고자 글을 남긴다.

정리해 보자. 프러포즈는 여자의 자존심이다. 그리고 여자의 자존심을 지켜주는 게 남자의 자존심을 지키는 일이다. 일거양득(一擧兩得)이 분명하다. 이래도 하지 않을 텐가?

"헉! 그런데 제 여자친구는 프러포즈 필요 없다고 하던데요?"

으윽~~! 역시 남자는 모른다. 속는 셈 치고 일단 한번 해봐라. 살아보니 사랑하는 여인의 환한 미소를 보는 것만큼이나 행복한 일도 없더라. 마지막으로 돌이킬 수 없는 상황에서 이 글을 접한 독자들에게는 심심한 위로를 전한다. 부디 '이 인간 있다가 두고 보자'라는 생각으로 이를 갈기보다는 '너무 늦지 않게 알게 되어 다행이다'라는 마음가짐으로 지금부터라도 잘 가르치길 바란다. 왜냐하면 남자는 정말 아무것도 모르기 때문이다. 제발 이 글이 널리 퍼져서, 이 시간 이후로 수많은 백지가 다양한 예술 작품으로 새롭게 탄생하길 기대해 본다. 혹시나 여기까지 읽고도 "프러포즈가 꼭 필요한가요?"라고 묻는 바보가 있다면, 답은 딱 하나뿐이다.

.

.

.

아니, 당신은 혼자 사는 게 더 낫다.

같은 부서에 스물아홉 살, 인티제 남성 A가 근무한다. 삼년 사귄 여자친구가 있는 그에게 "프러포즈할 거야?"라고 물었다. 당황한 A는 "네?"라는 답변을 한 뒤, 머리를 긁적이며 "그거 꼭 해야 하나요?"라고 되묻는다. 어머나! 결혼을 앞둔 그가 프러포즈를 허례허식이라고 생각한다. 전 국민 재난문자 발송을 고려할 만큼의 중대한 위급상황이다. A를 급히 1층 카페로 데리고 가서, 아이스 아메리카노 두 잔을 주문하고 자리를 잡는다. K 전공의에게 받은 은혜를 떠올리며, '낭만'과 '낭비'의 차이에 대해 목이 터져라 설명한다. 어느새 커피 잔에는 얼음만이 남는다.

.
.
.

그렇게 나는 또 한 영혼을 구한다. 휴우~!

샤넬 백 사준 남편:
남편은 황금손

운을 타고 나는 사람들이 있다. 내 아내가 그렇다. 그녀의 주종목은 추첨이다. 수시로 당첨되어 구매하는 상품을 1+1으로 만든다. 지난달에만 무려 두 건이다. 텀블러를 샀는데 텀블러 가방을 서비스로 받았고, 네일아트숍에서는 1회 무상 이용권을 뽑아 왔다. 그렇다. 내 아내는 '황금손'이 분명하다.

"에이, 뭘 이 정도 가지고, 별거 아니네"라고 속단하는가? 걱정 마시라. 당신의 생각은 2분 후면 바뀐다.

신혼여행에서 돌아온 직후, 잠실에 위치한 '롯ㅇ백화점'에 방문했을 때의 일이다. 우리 부부는 실내복을 포함해서 네 가지 품목을 구입했다. 총 구입가는 30만 원 정도로 기억한다. 그리고 그날은 백화점 행사가 있던 날이다. 1등 상품은 1,000만 원 상당의 TV였고, 2등 상품은 백화점 상품권 500만 원이었다. 가진 건 시간밖에 없던 신혼 시절, 꽝이 없는 이벤트를 그냥 지나칠 수는 없었다. 게다가 7등 상품 크리넥스와 8등 상품 치약은 살림 밑천이다. 에스컬레이터에 몸을 싣고 즉시 추첨 현장으로 올라갔다. 5분 정도 줄을 서서 기다린 뒤 추첨 버튼을 눌렀고, 아내와 나는 목표한 대로 7등과 8등 상품을 수령했다. 예상했던 결과다. 아쉬움은 없다. 다만 손에 남은 영수증 두 장을 마저 사용하기 위해 줄을 한 번 더 섰을 뿐이다. 기다리는 동안 아내에게 "자기야, 2등 당첨되면 샤넬 백 사줄게. TV는 당첨되면 어머님 집에 보내 드리자. 오빠만 믿어" 하고 말하며 장난을 쳤다. 그리고 잠시 뒤, 차례가 되어 나는 7등을 뽑았다. 옆에 있던 아내는 몇 등을 뽑았을까? 그렇다. 장난은 현실이 되었다. 말은 언제나 씨가 된다.

"축하드립니다. 2등 당첨입니다."

당시 샤넬 백의 가격은 612만 원이었다. 백화점 상품권 500만 원을 사용해도 자비 부담금 112만 원이 더 필요했다. 남아일언중천금이니 말을 무를 수도 없고, 고민이 깊어진다. 헉! 그런데 상품권을 교환하는데도 돈을 요구한다. 눈물을 머금고 제세공과금 110만 원을 납부했다. 샤넬 백을 구입하기 위해 지불해야 하는 실 부담금이 222만 원으로 늘어났다. 흑흑. 그러나 어쩌겠는가. 뼛속까지 인티제인 나는 약속을 목숨만큼 소중하게 여긴다. 반드시 지키려 노력한다. 아내와 둘이서 카페에 앉아 한 시간 동안 고민을 했고, 마침내 우리는 카드를 긁었다. 그날 이후 샤넬 백은 오르고 올라 지금은 1,500만 원이 훌쩍 넘는다. 투자 원금 대비 600퍼센트가 넘는 수익률을 달성했고, 배당 수익으로 '샤넬 백 사준 남편'이라는 타이틀도 얻었다. 투자 결과가 썩 만족스럽다.

어느새 10년이 넘는 세월이 흘렀고, 아내가 샤넬 백을 든 모습을 본 건 열 번 정도 되는 듯하다. 형편이 넉넉하지 않은 친구들을 만날 때는 비싼 가방을 들고나가지 않는 것을 보면 주변에 과시하는 용도는 아닌 게 분명하다. 거기에 더해 이 가방은 종종 남편보다 더 나은 역할을 하기도 한다. 아내는 우울할 때마다 상자를 열어 보며 작은 위로를 얻는다. 이처럼 샤넬 백은 한 여인의 자존감을 높이고, 가정의 평화를 지키는데 꾸준히 기여하는 중이다. 222만 원이 사랑하는 배우자의 로망을 실현하고, 슬픔의 역치를 높이는 비용이라고 생각하니 꽤나 합리적으로 여겨진다.

이쯤에서 잠시 백화점 상품권에 당첨되었던 그날로 돌아가

보자. 사실 아내는 "자기야, 나 가방 안 사도 괜찮아. 옷이나 한 벌 사고 남은 금액은 아껴두자"라고 말했다. 그 말을 따랐다면 어땠을까? 샤넬의 가격 인상 소식이 들릴 때마다 행복한 추억은 날카로운 비수가 되어 가슴에 상처를 남겼을 듯싶다. 결국 아내의 황금손은 약속을 지킨 남편의 결단을 만나 빛을 더했다. 이제 와 생각하니 부부의 케미가 진정 하이엔드급 명품(名品)이다.

"인생에 정해진 답은 없다."

중요한 선택의 순간, 지금 하는 결정이 미래에 어떤 결과로 나타날지는 아무도 모른다. 그렇다면 오늘의 내가 웃고 사랑하는 사람의 미소를 볼 수 있다면, 때로는 과감히 결단을 내리는 것도 꽤나 괜찮은 방법이 될 수 있겠다는 생각이 든다. 잠깐, 그런데 왜 부제가 '남편은 황금손'인지 궁금하지 않은가? 그렇다. 여기까지만 읽으면 '아내는 황금손'이 더 적절한 제목이다. 아직도 모르겠는가? 기분이다. 힌트를 남긴다.

"황금손을 가진 여인을 뽑은 남성은 누구인가?"

후훗. 오늘은 여기까지.

특별한 이유 없이 우울한 날이 있다. 얼마 전 아내가 그랬다. 소파에서 책을 읽는 내게 "자기야, 나 요즘 외로워. 세상에 나 혼자 있는 거 같아"라는 말을 전한다. 사슴 같은 눈망울에는 슬픔이 가득하다. 사랑하는 여인의 아픔을 그냥두고 볼 수는 없다. 공감과 위로가 필요한 순간이다. 읽고있던 책을 얼른 덮고, 아내의 두 손을 꼭 잡는다. 공감 능력제로였던 과거의 내가 아니다. 배우자의 속상한 마음을 풀어주기 위해 눈을 마주치며 부드럽게 말을 건넨다.

.

.

.

.

.

"자기야, 그럼 종교를 가져 봐."

…

분위기 파악 못하는 인티제 남편이 기어이 또 사고를 친다. "자기야, 내가 있잖아"가 정답인데 화를 부르는 오답을 말한다. 결국 아내는 작은방에 들어가서 상자를 꺼낸다. 10여 년 전 사놓은 샤넬이 여전히 빛을 발한다.

"클래식은 역시 영원하다."

다음 날, 나는 직장에서 억울한 일을 당한다. 사직서에 서명을 남기고 싶은 충동을 강하게 느낀다. 퇴근길 차 안에서 볼륨을 크게 하고 CCM을 들어도 기분이 풀리지 않았다. 이때 카톡이 울리고, 사진이 한 장 도착했다. 우아, 이럴 수가! 화면을 확대함과 동시에 종교도 해결해 주지 못한 슬픔이 단번에 사라진다. 양파링으로 만든 가방을 멘 딸아이의 뒷모습이 모델보다 더 당당하다. 그렇다. 아내에게는 '샤넬'이, 딸에게는 '양파링'이 있다.
그리고 내게는 명품보다 빛나는 '아내와 딸'이 있다.

나는 다시 출근한다.

브런치가 만든 엄청난 기적

브런치는 내게 '숨'이었다. 〈인티제의 사랑법〉을 연재하며 무명작가가 독자를 만나 함께 소통하는 시간은 행복 그 자체였다. 댓글을 남긴 대다수 독자들이 출간 도서를 읽었기에 댓글창의 분위기가 북토크 마냥 훈훈했다. 다만 더 잘해야 한다는 부담감이 글쓰기 슬럼프로 이어지는 경우가 있었다. 그런 날이면 꽃집에 들러 아내와 딸을 위해 예쁜 꽃을 샀다. 모녀에게 꽃을 선물하면 캐리어에 짐을 한가득 채우고 떠나갔던 '영감' 님이 허겁지겁 돌아와 연거푸 벨을 누르기 때문이다. 문을 열어 주면 손도 씻지 않고 급하게 달려와 글감을 주고 또 준다. 덕분에 글이 막 써진다. 신기한 일이다. 꽃집에 다녀온 날이면 에피소드 하나가 뚝딱 완성되고, 아내와 딸이 행복해한다. 일타이피가 분명하니 지출을 끊을 수가 없다. 필명을 '플라워홀릭'으로 바꾸고 싶은 유혹까지 느낀다.

꽃의 여신 '플로라(Flora)'의 자비 덕분일까? 연재 이후 조회 수가 확 늘었다. 브런치 메인에 수시로 오르고, 매주 금요일에는 라이킷 수 1위로 서브 메인에도 자리를 잡았다. 노출 효과로 인해 글 평균 조회수가 6천이 넘는 진기록도 세웠다. 특히 〈샤넬 백 사준 남편〉은 Daum 첫 화면에 올라 조회수 3만을 기록했다. 일반인 구독자가 100명 넘게 늘었고, 다음 날 서점 판매 지수는 앞자리 숫자를 높였다. 작가 인지도가 판매로 이어지는 중요한 척도임을 다시 한번 확인할 수 있었다.

물론 아쉬움도 있다. 브런치 메인에 자주 오르고 독자들의 반응까지 좋아서 출판인들의 눈에 띄었을 게 분명하지만, 기다리는 러브콜은 없었다. 출판사 관계자들은 감감무소식이다. 이쯤 되니 완성되지 않은 원고로 러브콜을 받았다는 작가들은 과연 기획출판 제안을 받은 게 맞는지 궁금해진다. 아무튼, 기대했던 차기작 제안은 받지 못했지만 작가로서 놀라운 성장을 이룩한 시간이었음은 분명하다.

엄청난 반전은 이제부터 시작이다. 연재를 마무리할 때 즈음 전자도서관에서 운명을 바꿀 책을 한 권 발견했다. 더블:엔 출판사에서 출간한 《책쓰기부터 책출판까지》라는 책이다. 뭔가에 홀린 듯 대출해서 하루 만에 다 읽었다. 출간 이후 정말 오랜만에 심장이 제한속도를 초과해서 빠르게 뛰었다. 원고 투고에 관한 유용한 정보가 나를 끓게 했고, 출판사 편집장인 작가의 유쾌한 필력이 재미를 더했다. 원고 투고 시 가장 힘들었던 출간기획서 작성 부분이 특히나 인상적이었다. 관심 있게 읽다 보니, 예시에 남겨진 것처럼 담담하게 한 페이지 출간기획서를 작성하고 싶다는 생각이 들면서 손가락이 간질간질해졌다. 신이 허락한 것일까? 다음 날, 운명처럼 깜짝 자유시간 세 시간이 생겼다. 카페에 앉아 아내와 아이를 기다리는 동안 오랜만에 노트북을 열었다.

예나 지금이나 도전은 마음이 식기 전에 하는 게 진리다. 혹시나 하는 기대감을 품고, 완성된 원고도 없이 집필 계획만으로 출간기획서 한 페이지를 작성했다. 출판사 담당자가 바쁜 와중에도 궁금해서 열어보지 않을 수 없을 만큼 이메일 제목과 본문에 힘을 실은 뒤, 이제는 나의 명함이나 다름없는 〈인티제의 사랑법〉 브런치 링크를 첨부했다. 2024년 7월 31일 수요일 오후 5시 30분에 메일을 발송했고, 이틀 뒤인 금요일 오후 3시 30분에 수신확인이 되었다. 그로부터 네 시간 후 답변 메일을 받았다.

"삐~~~~~~~~~~~~~~~~~~~~~~~~~~~~~~~~~~~~~~~."

메일을 열고나니 온 우주가 나를 위해 잠시 멈추는 경험을 한다. 1년 만에 다시 느끼는 감정이지만 설렘의 크기는 별반 다르지 않다. 본문에는 "작가님께서 사심을 담아 주신 메일에 혹~ 했습니다. 류귀복 × 더블:엔 책 한번 해보아요, 작가님~"이라는 내용이 담겨 있다. 원고도 없는 출간기획서 한 장이 출간 계약으로 이어지는 기적이 일어난 것이다. 돌이켜보면 브런치를 나의 명함이 될 정도로 잘 관리한 덕분에 더블:엔의 독자에서 작가로 운명이 바뀔 수 있었다.

이처럼 브런치는 기회의 땅이 분명하다. 생각보다 힘도 세다. 노력하는 모두에게 출간의 지름길을 만들어 준다. 필자만 해도 브런치를 시작한 지 9개월 만에 차기작 집필 기회를 얻었다. 작가라는 부업이 탐이 난다면, 브런치를 시작해서 영향력을 키워 보자. 어렵긴 하지만 비전공자도 충분히 실행 가능한 영역이다. 더 나아가 단 한 사람, 편집자의 마음을 움직이면 출간의 꿈도 이룰 수 있다. 이 책의 씨앗인 필자의 투고 메일은 뒤에 부록으로 실을 예정이다. 참고해서 좋은 기회가 왔을 때 꼭 붙들기를 바란다.

한 권의 책은 한 사람의 인생을 바꾸는 힘이 있다. 이 책도 마찬가지다. 온갖 유혹을 이겨내며 마지막 장까지 열심히 달려온 독자라면 기회를 얻을 자격이 충분하다. 계획한 바를 현실로 만드는 게 어렵지 않다고 본다. 필자의 경험을 내비게이션 삼아, 부업 작가의 크고 작은 기쁨을 누리는 독자들이 늘어나길 소망한다. 슬프지만 준비한 이야기는 여기까지다. 이제는 우리가 헤어져야 할 시간이다. 글을 쓰던 스마트폰을 잠시 내려두고, 몸을 'ㄹ' 자로 만들어 공손하게 끝인사를 전한다. 다음에 또 만나자.

부자가 되는 지름길, 브런치

마흔 살의 가을, 부자를 꿈꾸며 펜을 들었다. 취미로 끄적인 글을 읽어 준 지인들 덕분이다. 평소에는 글이라면 학을 떼는 사람들이 재밌다고 킥킥거리니 묘한 자신감이 샘솟았다. 40년 만에 꼭꼭 숨겨진 재능(?)을 발견한 기분이랄까? 한국시리즈 9회 말 투아웃 역전 홈런만큼이나 짜릿한 경험을 했다. 중간중간 "푸흡!" 하고 터지는 사람들의 격한 반응을 보며, 베스트셀러 작가가 될 수도 있겠다는 기대감이 생겼다. 상상은 자유니 마음껏 즐겼다. 그사이 머릿속에서는 차도 바꾸고 집도 넓혔다. 삼시 세끼 홀로 김칫국을 떠서 시원하게 들이켰다, '겸손'이라는 두 글자가 기억 속에서 사라진 지는 이미 오래다. 하루라도 빨리 부자가 되고 싶은 욕심에 부지런히 쓰고 또 썼다.

인세로 불어날 통장을 상상하니 피로도 멀리 떠난다. 새벽 네 시 반이면 눈이 저절로 떠진다. 다섯 시 반 즈음 회사에 도착해서 두 시간 동안 글을 쓰고 난 뒤 일을 시작했다. 직장에 출근할 날도 얼마 남지 않았다는 생각에 아쉬움마저 느껴진다. 하루도 빠짐없이 스마트폰 메모장에 글을 빼곡히 적었다. 5개월이 지나자 책 한 권 분량이 채워진다. 원고가 완성되자마자 출판사에 투고를 시작했다. 급한 마음에 퇴고는 건너뛰었다. 수정은 편집자가 알아서 할 수 있는 영역이다. 굳이 귀한 시간을 원고 검토에 쏟을 필요성을 느끼지 못했다. 어깨가 잔뜩 높아진 채로, 아내에게 "오빠가 베스트셀러 작가 돼서 까르띠에 시계 사 줄게. 조금만 기다려"라는 말을 남겼다. 책이 출간과 동시에 수십만 부가 팔리면서 금세 부자가 될 거라 예상했기 때문이다.

아쉽게도 바람은 현실과는 달랐다. 얼마 후, 나는 취미는 '글쓰기', 특기가 '허언'인 사람이 되어 있었다. 까르띠에 시계는커녕 아이 장난감 시계 하나 사 줄 돈도 벌지 못했다. 처음 원고를 보낸 40개 출판사 중에서 단 한 군데에서만 연락이 왔다. 기쁜 마음으로 전화로 미팅 약속을 잡고, 퇴근 후 카페에서 만났다. 세 시간 동안 냉혹한 출판시장의 현실에 관한 이야기를 나눴다. 헤어질 때 출판계약서를 보내겠다던 출판사 대표는 폐활량이 가히 국가대표급이다. 1년이 넘도록 잠수를 즐긴다. 아직까지도 연락이 없다. 꾸준히 책을 출간하는 것으로 미루어 심신에 이상이 생긴 건 아닌 듯하여 다행인데, 쓰라린 내 마음은 쉽게 달래지지가 않는다. 이후 150번의 투고 과정을 거치면서 취미는 '글쓰기', 특기가 '성실'인 사람으로 거듭나기까지 그의 역할이 가장 컸다.

출판사에 투고를 하는 6개월간 끊임없이 넘어지고 다시 일어서기를 반복했다. 바닥 밑에 더한 바닥이 있었음을 몸소 체감하며 독하게 견뎠다. 끝없이 이어지는 좌절과 고통은 퇴고를 하면서 점차 희망으로 바꿔나갈 수 있었다. A4 100페이지 분량의 원고를 전부 다 외울 정도로 수십 번 퇴고를 거듭한 끝에 출간 계약에 성공했다. 첫 책을 준비했던 과정은 인생에서 실패보다 값진 경험이 없음을 깨닫는 소중한 시간이었다. 결국 아픔이 거름이 되어, 이제는 "작가는 최고의 마케터다"라는 각오로 브런치에 임한다. 사람과 사람 사이의 연결이 크고 작은 기회들을 만들어 내어 근로 외 소득도 얻고 있다.

돌이켜보면 투고를 하는 반년 동안 끊임없이 원망을 퍼부었던 ○○○ 출판사 나○○ 대표 덕분에 작가로서 폭풍 성장을 이룩할 수 있었다. 출판 마케팅 전문가였던 그와 깊은 대화를 나누지 않았다면, 지금의 나는 없었을 거라 확신한다. 일기장에 어울리는 글만 쓰며 독자를 만나지 못했을 가능성이 매우 크다. 지나고 나서 보니 그의 신분이 귀인이었음을 깨닫는다. 잠적한 그를 하염없이 기다리며 독자를 최우선으로 생각하는 신념을 얻었기 때문이다. 이처럼 귀인은 종종 악인의 탈을 쓰고 오기도 한다. 본디 사람의 진짜 정체는 오랜 시간이 지나야만 알 수 있는 법이다.

필자는 강직성 척추염이라는 끔찍한 질환을 진단받은 이후로 글을 쓰기 시작했고, 첫 만남에서 희망을 잔뜩 심어준 채 연락을 끊은 출판사 대표로 인해 홍보를 겸임하는 작가로 거듭났다. 아내에게도 비슷한 경험이 있다. 2017년 여름, 한 남성 때문에 10년 가까이 다닌 회사를 그만두었다. 한 여성이 젊음을 바친 직장인데, 대표이사 고○수는 사람 귀한 줄을 몰랐다. 세상 모든 저주를 다 퍼부어도 부족할 정도로 나쁜 기억만 안겨준 악인이다. 그랬던 그가 원수에서 귀인으로 신분을 바꿨다. 만약 그때 아내가 퇴사를 결단하지 않았다면, 천사 같은 딸이 세상에 태어나지 못했을 수도 있기 때문이다. 생각만으로도 아찔하고 가슴이 다 떨린다. 역시나 인생은 끝까지 살아봐야 안다.

아무튼, 이 책은 돈 버는 글쓰기를 다룬다. 누군가 내게 "그렇다면 당신은 글을 써서 부자가 되었나?"라고 묻는다면, 나는 한 치의 망설임도 없이 "그렇다"라고 답할 것이다. 오감의 민감도가 글을 쓰기 이전보다 훨씬 더 높아졌기 때문이다. 길가에 핀 꽃을 보며 아름다움을 만끽하고, 바람을 맞으며 낭만을 즐긴다. 사시사철 아내의 눈동자에서 사랑을 읽고, 아이를 키우며 삶의 희로애락을 배운다. 때때로 원고료나 응원금이 입금되는 날이면 꽃집에 들러 아내와 딸을 위해 예쁜 꽃도 산다. 예고 없이 찾아오는 극한의 고통은 극강의 기쁨이 잘 달래가며 일상을 지킨다. 매일 저녁 퇴근하면 돌아갈 집이 있고, 함께 식사하며 웃을 수 있는 가족이 있으니 무엇이 더 필요한가 싶다. 가끔은 타인에게 작은 온정을 베풀 여유까지 있으니, 더할 나위 없이 감사한 나날이 분명하다. 삶이 계속 글이 되어 스스로를 지키고, 주변까지 환하게 밝혀주기만을 바랄 뿐이다.

단언컨대 글쓰기는 미래를 보장하는 현명한 투자라고 할 수 있다. 정년도 없고, 실패도 없다. 자본주의 사회에서 천 원 한 장 쓰지 않고 자기계발이 가능한 합리적인 취미다. 특히나 브런치는 다양한 기회를 제공한다. 독자들과 소통하며 글을 쓰는 경험은 작가에게는 값진 재산이다. 구독자가 늘면 출간도 더 수월해지니, 일거양득도 기대할 수 있다. 더 나아가 운이 좋으면 부와 함께 명예도 따른다. 고로, 운명의 날을 기다리며 각자의 위치에서 묵묵히 쓰는 게 중요하다. 작지만 소중한 글로소득을 얻으며 부업 작가로 지내다 보니, 이제는 '읽고 쓰는 삶은 가난하기가 더 어렵지 않을까?' 라는 생각마저 든다. 이 시간 이후로 손에 펜을 쥐는 독자들이 늘어나길 간절히 소망할 따름이다.

어느덧 작가로서 가장 신이 나는 구간에 도착했다. 이 책이 나오기까지 도움을 준 사람들이 참 많다. 가장 먼저 부족한 아들을 위해 하루도 빠짐없이 기도하시는 류명열 장로님과 주명혜 권사님이 계셨기에 행복한 가정이 지켜진다고 믿는다. 두 팔을 넓게 벌려 품에 꼭 안아 드리고 싶다. 아참, 하나뿐인 여동생 류니아는 덤이다. 작게나마 공간을 마련해서 내어준다. 나의 두 번째 가족, 천사 같은 아내를 내게 보내주신 장인 박종한 님과 장모 이상순 님께도 깊은 감사를 표한다. 처남 박현우도 내게는 늘 애틋하니 함께 이름을 남긴다. 신인 저자에게 날개를 달아준 귀인의 이름을 빼놓는 건 도리가 아니다. 더블:엔 송현옥 편집장님에게도 농도 짙은 고마움을 전한다. 나의 소중한 공간, 브런치에는 소중한 인연들이 셀 수 없이 많다. 그중 첫 책의 서평과 그에 준하는 아낌없는 응원으로 두 번째 출간의 기적을 만드는 데 도움을 준 브런치 작가님들은 특별히 지면을 빌려 필명을 남긴다.

강경, 고운로 그 아이, 구슬붕이, 김달래, 김로운, 김소이,
김수정, 김연실, 김원장, 꽃보다 예쁜 여자, 꿈꾸는 유목민,
나도 사람이다, 나의기쁨, 나현수, 너울, 네모, 노사임당,
능수버들, 단풍국 블리야, 달보, 더바램, 도란도란, 도윤,
들콩마음, 딸그림아빠글, 라라, 라이테, 라파엘라, 레마누,
로다비, 매드맥스, 명희, 모든, 모모씨, 무무, 무 한소, 문득 달,
문 정, 뮤뮤, 민선미, 민트별펭귄, 바람 없이 연 날리는 남자 Dd,
바람꽃, 발자꾹, 뱃살공주, 베를리너, 별빛꿈맘, 뵤뵤리나,
블루랜턴, 빙산, 빛나는 윤별경, 빛날현, 뽀득여사,
살랑하늘, 소오생, 소위, 송주, 서무아, 설작가, 스와르,
스티카 Stica, 신정애, 아리사, 아헤브, 안미쌤, 안진석,
에너지드링크, 엘엘리온, 여니, 여등, 영글음, 예쁨, 오드리,
오렌, 오성진, 온벼리, 우연한 여행자, 유미래, 윤영, 원지,
유철현, 유칼리, 은은한 온도, 이은정, 이지성, 잎새, 장익,
제이, 조원준 바람소리, 조선여인, 죽림헌, 지뉴, 지니, 지레인,
진아, 책읽는 엄마의 보석창고, 캐리소, 펭귀니, 포도송이,
피터팬, 채수아, 천상작가 해원, 천유, 천혜경,
철봉조사 이상은, 청시, 초맹, 초원의 빛 강성화, 한줌,
해조음, 행복한가영, 허니, 혜솔, 호랑, 홍디, 홍소예,
희야, 힐비게이터 HILton naVIGATOR, Beverly지아, Bono,
clayton, Choi, Dana Choi 최다은, HaRam, hotlionheart,

James 아저씨, Julia, Kyrene, metainsight, ok란, Unikim, youn han a.

그리고 브런치 작가 외
독자 김자혜, 안영근, 엄현섭, 오창범.

두구 두구 두구. 드디어 나의 찐 사랑, 두 여인의 차례다. 우리 부부의 비타민, 예쁜 딸 류서아가 이제는 한글을 읽는다. "서아야, 엄마 아빠 딸로 태어나 줘서 고마워. 사랑해"라는 말을 글자로 남겨 전한다.

모든 초고를 꼼꼼히 살펴 준 개인 편집자이자, 내 두 눈을 하트로 만드는 마법사, 나의 영원한 반쪽 박수현에게는 "수현아, 네가 어떤 모습이라도 끝까지 너만을 바라볼게. 사랑해"라는 한 남자의 변하지 않을 진심을 전한다.

아쉽지만 어느새 피날레다. 마지막 인사를 남긴다.

이 책은 나의 5천여 명 브런치 구독자에게,
나의 삶은 아내 박수현에게 바친다.

이른 새벽, 출근길 차 안에서
류귀복

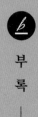

부
록

출간 준비부터
계약까지
54시간

2024년 7월 30일, 전자도서관에서 《책쓰기부터 책출판까지》를 발견했다. 더블:엔 출판사의 송현옥 편집장이 직접 써서 출간까지 한 책이다. 사실 더블:엔은 내게 상처를 남긴 출판사이기도 하다. 첫 책 준비 시에 《여행해도 불행하던데요》라는 에세이를 재미있게 읽고 투고를 했지만, 당시에는 회신을 받지 못했다. 단지 책을 기가 막히게 잘 만드는 출판사로만 기억에 남겼다. 아니나 다를까 이번 책도 기운이 남다르다. 프롤로그부터 만성피로가 양어깨를 떠날 준비를 한다. 본문 시작과 동시에 룰루랄라 휘파람을 불며 산책을 나선다. 다음 날에는 책을 읽기 위해 새벽에 눈이 떠지는 기적까지 일어난다. 피로회복 효과가 있는 것을 보니 양서가 분명하다.

책을 읽으면서 아픈 과거가 싹 잊힌다. 보면 볼수록 디자인이 마음에 쏙 든다. 필력 좋은 편집장의 유쾌함이 특히나 인상적이고, 가독성을 높여 주는 서체와 여백은 감탄을 자아낸다. 읽는 내내 '나도 이런 편집장과 책을 한번 출판해 보고 싶다'라는 바람이 머릿속을 가득 채운다. 관심은 곧바로 행동으로 이어진다. 온라인 서점에 접속한 후 더블:엔에서 출간한 책들을 살펴보니, '돈 버는'이 제목에 들어가는 책을 출간하는 것을 알 수 있었다. 당시는 브런치의 응원하기가 도입된 지 얼마 되지 않은 시점이다. 이와 관련해서 〈돈 버는 취미, 브런치 글쓰기〉라는 제목으로 투고를 하면 승산이 있겠다 싶었다. 제목과 소재가 충분히 시장성이 있다고 판단했다.

필자는 책을 읽다가 오탈자를 발견하면 그냥 넘어가지 않고 출판사에 신고를 하는 습관이 있다. 아내는 이런 나를 볼 때마다 "자기는 참 피곤하게 살아"라며 한소리를 꼭 한다. 《책쓰기부터 책출판까지》를 읽으면서도 2개의 오타를 발견했다. 이때 운명처럼 번뜩이는 아이디어가 하나 떠올랐다. 그간의 경험에 따르면 원고 투고에는 무응답인 출판사들도 오탈자 문의에는 반드시 답을 한다. 순간, 입가에 미소가 번지며 피곤하게 살아온 보람을 느낀다. 〈송현옥 편집장님께 사심 가득한 오탈자 문의드립니다〉라는 제목으로 투고를 하면 아무리 바빠도 메일을 확인할 것이라는 확신이 들었다. 하늘이 도운 것일까? 다음 날, 딸아이가 쿠킹 클래스에 참여하게 되면서 세 시간의 자유 시간이 생겼다. 출간 여부를 떠나 인생에 후회를 남기고 싶지는 않았다. 큰 기대 없이 투고 메일을 작성해서 출판사로 발송했다.

제목: 더블:엔 송현옥 편집장님께 사심 가득한 오탈자 문의드립니다.

더블:엔 송현옥 편집장님, 안녕하세요^^
그저께 교보문고 전자도서관에 입고된《책쓰기부터 책출판까지》를 발견하고 대출해서 읽었습니다. 만성피로에 시달리는 직장인이 새벽잠을 포기하고 하루 만에 다 읽었습니다. 완벽한 서체와 디자인 구성에 흠뻑 빠져 오랜만에 책과 함께 행복한 시간을 보냈습니다.

독자의 재미를 위해 숨겨 놓으신 '숨은 그림 찾기'에도 2개나 성공했습니다.

1. 오프라인 서점에서는 신간이 나와서 2주 정도 반응이 <u>없어면</u> 곧바로 서가에 꽂히고 얼마 안 있어 출판사 물류 창고로 반품이 됩니다.

2. 떡볶이가 <u>먹어</u> 싶어질 것이며, 나도 이렇게 글 써봐야지 욕심이 생길 수도 있습니다.

사실 오탈자 문의는 핑계입니다.
책이 너무 좋아서 오탈자마저 정신을 환기시키는 즐거움이었습니다.

저는 에세이를 출간한 저자이며, 서울성모병원에서 방사선사로 근무 중인 마흔두 살, 딸아이의 아빠입니다. 당분간 출간 욕심 없이 브런치에 글을 올리며 출간한 책을 홍보하고 있었습니다. 그러던 와중에 편집장님께서 쓰신 책을 읽고 두근거리는 가슴을 주체할 수가 없었습니다. 편집장님의 필력과 본문을 담은 서체와 색감, 디자인까지 모든 게 저를 흔들어 놓았습니다.
다행히 저도 내세울 만한 게 있습니다. 2023년 11월에 브런치를 시작해서 9개월 만에 구독자 3,357명을 모집한 브런치 내 최고 인기 작가입니다. 2024년 상반기 구독자 수 증가, 글 평균 좋아요와 댓글 수 1위 작가이기도 합니다. 최근 브런치에서 응원금 시스템을 도입했는데 이를 활용하여 〈돈 버는 취미, 브런치 글쓰기〉라는 책을 더블:엔에서 출간했으면 합니다. 관련하여 아직 출간된 책이 없습니다. 브런치 내 기록을 줄줄이 갈아치우고 있는 제가 저술에 가장 적합한 저자가 아닐까 생각됩니다.

또한 저는 강직성 척추염이라는 중증 난치 질환을 갖고 있습니다. 매주 화요일, 대학병원 주사실에서 주사를 맞으며 수시로 진통제를 복용합니다. 그럼에도 유쾌한 글을 쓰며 독자들에게 웃음을 전하니 사랑을 많이 받습니다. 편집장님과는 환상의 짝꿍이 될 듯싶습니다. 신이 허락하신 걸까요? 때마침 오늘 휴가를 얻어 메일을 작성합니다.

이 메일과 첨부 파일은 오직 더블:엔 송현옥 편집장님을 위해 작성했습니다.

살펴보시고, 마음이 살짝이라도 움직이신다면 연락 부탁드립니다. 함께 고민하고 기획을 한다면 대박은 아니더라고 중박은 가능한 책을 낼 수 있을 거라 자신합니다. 첨부 파일 〈사심 가득한 오탈자 문의.hwp〉에 조금 더 자세한 내용을 담았습니다. 지난 1년간 브런치에서 독자들이 환호하는 읽히는 글을 쓰며, 원하시는 모든 방향으로 움직일 수 있는 역량을 얻었습니다. 장, 단점이 뚜렷한 저의 단점은 송현옥 편집장님께서 채워주시리라 믿고 기대하며 연락드립니다.

유튜브와 넷플릭스에 빼앗긴 독자들을 다시 서가로 불러 오는 꿈을 꾸며 회신을 기다리겠습니다. 어제 책을 읽고, 오늘 메일을 쓰는 모든 순간이 제게는 큰 기쁨이었습니다. 진심을 가득 담아 감사 인사를 드립니다.

'기쁨'이 늘 '슬픔'을 이기는 행복한 나날 보내시길 바랍니다^^

더블:엔의 열혈 독자가 된
류귀복 올림
010-××××-××××

브런치 링크 : [연재 브런치북] 인티제의 사랑법

발송한 메일은 이틀 후 금요일에 수신이 확인되었다. 그로부터 네 시간 뒤, 가족과 외식을 하다가 식당에서 "으악!" 하고 비명을 질렀다.

류귀복 작가님, 안녕하세요!
예전에 투고해주신 원고 프린트해서 재밌게 읽었던 기억이 납니다.

이력도 특이하신 데다 글이 유쾌하게 재밌어서 탐이 났었는데, 두 가지 이유로 놓쳤지요.
더블:엔 출간 스케줄이 너무 꽉 차서 정말 틈이 없었다는 것과, '에세이' 분야는 당분간 진행하지 않는다는 일시적인 원칙이 있었답니다.
어디서든 책이 출간될 줄 알았습니다. 축하드립니다. 짝짝짝!!!

사실, 제가 《책쓰기부터 책출판까지》 책을 내고는 아예 투고메일을 못 읽었고, 쓴 책 내용과 다르게 에세이에서 굉장히 멀어졌답니다. (그래도 하나씩 에세이가 나오고 있는데 이건 좀 복잡한 사정이 있는... 결과물이에요)

작가님께서 사심을 담아 주신 메일에 혹~ 했습니다.
브런치 글도 깔깔거리며 읽었어요.
브런치로 돈을 얼마나 벌 수 있나, 제목이 너무 후킹 아닐까... 싶지만, 며칠 전에 《돈 버는 캐릭터 만들기》라는 책 출간했어요. (더블엔이 '돈 버는'이라는 키워드를 제목에 잘 넣는 거 눈치 채셨군요!)
류귀복 × 더블:엔 책 한번 해보아요, 작가님~
《안나푸르나에서 밀크티를 마시다》 책도 읽어보시지요!

다음주에 편한 시간 말씀해주시면 전화 드리겠습니다.
작가님이 전화 주셔도 좋고요. (010-××××-××××)

무더위가 다음주부터 조금씩 물러가겠지요.
건강 잘 챙기시고요. 연락주셔서 고맙습니다. ^^

회신 메일을 확인하니 눈물이 핑 돌았다. 첫 책을 출간한 지 6개월 만에 두 번째 책을 계약한다는 사실이 도무지 믿기지 않았다. 꿈이 아니길 간절히 기도하며, 두 배 더 커진 눈으로 본문을 읽고 또 읽었다. 일 년 사이 브런치가 나의 명함이자 포트폴리오가 되었기에, 두 번째 투고는 더블:엔과의 계약으로 이어질 수 있었다. 계산해 보니, 출간 준비부터 계약까지 54시간밖에 걸리지 않았다. 고로, 이 책은 브런치가 내게 준 선물이나 마찬가지다. 필자의 좌충우돌 브런치 성장기가 당신에게 충분한 자극을 주었다면, 이 말을 가슴에 새기고 도전을 시작하길 바란다.

"결심이 행동으로 이어지면
노력은 반드시 운을 이긴다."

이제는 책을 덮고 브런치에서 만나자.

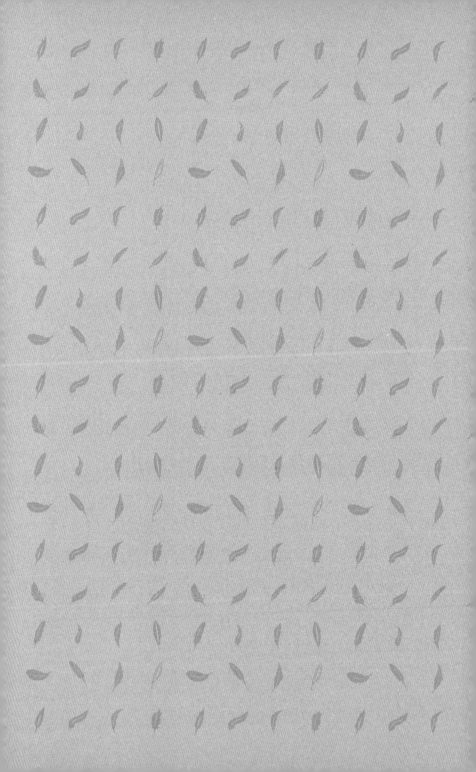

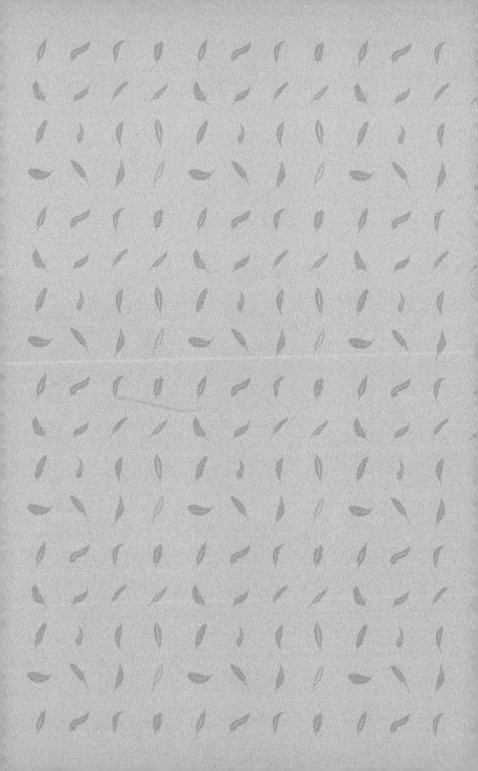